中国の侵略に打ち勝つハイブリッド防衛

日本に迫る複合危機勃発のXデー

自由民主党
参議院議員
佐藤正久
Masahisa Sato

徳間書店

はじめに

政治家になった当初の頃、先輩議員からこう諫められたことがあった。

「外交と安全保障をメインにするのはやめた方がいい」

有権者にとってわかりやすいのは減税や社会保障政策。外交・安全保障という2つの政治テーマはなければならないものだが、選挙で「票」に繋がらないのが現実だ。

自民党には私を含めて「票」にならない政治テーマを追求している政治家が何人もいる。そうした諸先輩議員が積み重ね継承してきた歴史によって、自民党は合理的で現実的な外交・安全保障政策を立案できる政党になった。ロシアによるウクライナ侵攻に対する政治家の発言を通じて、他党がいかに外交・安全保障に弱いかを知った人も多いのではないか。

その自民党も100点ではない。だが自民党は100点を目指すことができる唯一の政党だと私は自負している。

他党と自民党を分ける外交・安全保障政策を法案化し世界をリードしたのが、安倍晋三元総理だ。総理大臣とは自衛隊の最高司令官である。安倍元総理は総理の資質を、「自衛隊の最高司令官が務まるかどうか」としていたことが自伝で明かされた。不幸にして凶弾に斃れた安倍元最高司令官に哀悼の意を捧げる意味で、自衛隊と安倍総理の関係を書くことから本書は始まる。

安倍外交・安倍安全保障・安倍経済安全保障は2023年の日本や世界に大きく寄与している。「積み残し」の部分を消化し、発展させることが我々の使命だ。

現在、日本は中国の脅威に晒されている。2023年秋にはアメリカ政界の大物の訪台が予定され、再び米中間の緊張が高まることは確実だ。

すでにアメリカは「有事が起こるかも知れない」ではなく「いつ起こるか」を前提に準備を始めた。多くの日本企業が中国とビジネスを行っていることから、「まさか」と思う人も多い。

だが中国は本気だ。

ウクライナの例でも明らかなように有事は開始されるまでわからない。そこで外形的な要素から分析をする。中国共産党史でも異例の習近平国家主席3期目就任と、チャイナ・セブンを頂点とする人事からは、版図を拡大する中国の野望しか見えない。次の防衛大臣の人選などから中国の本気度を分析。さらに中国の特徴的な国家戦略を解説する。

野望の大国、中国の脅威に晒されている日本にとって多くの教訓を与えてくれているのがウクライナだ。なぜロシアはウクライナを侵攻したのか、なぜそれが2022年だったのか。ロシアとの軍事力10倍差をウクライナはどのように跳ね返し、今日まで耐えているのか——これらを解き明かす。

少し先の日本を知るための重要なヒントになるだろう。

2023年に日本がなさなければならないことは、「中国に武力行使を実行する気持ちを起こさせない」ことだ。すなわち抑止力の強化が必要ということだ。

現在の戦争の勝敗は単純な武力の衝突で決まらない。軍と民の境界線をなくしながら、サイバー、宇宙、電磁波という新たな戦域を通じて、武力行使前の「グレーゾーン」での戦いが勝敗を分ける。

最新の戦争の形を明らかにした。

そこで、この「ハイブリッド戦術」に対する防衛目標達成への3つのアプローチを示した。日本は「安保3文書」を改定したことで、ようやく「グレーゾーン」への対応を開始。敵基地攻撃能力保有を宣言したことで、日米、周辺国との間で何が変わっていくのか——「ハイブリッド防衛」の正体を解き明かす。

有事を起こさせないためのツールが「外交」だ。安倍元総理は第一次政権、第二次政権を通じて日本を守る安全保障・経済安全保障構造の土台を築いた。

これまで欧米は大西洋と太平洋を中心に地球を捉え戦略を組み立てていたが、安倍元総理が「インド太平洋」という理念を発案。2つの大洋を「東アジア」に繋ぎ込むことに成功した。

地政学と合わせながら、その深層を解説。ハイブリッドな安全保障戦略への進化がどのようなものかを導き出す。

特に重要になるのが経済安全保障である。現在、アメリカは「制裁」と呼ぶべきレベルの対中輸出規制を実施し、先端半導体を事実上禁輸にした。その規制のメカニズムを知ることは、これから先の日本の経済活動を見通す重要なキーだ。アメリカによる経済を武器にした対中戦略を、「Chip4」も含めて説明する。

こうした不断の努力にもかかわらず中国が武力行使を実行した時、日本列島周辺に何が起こるのかを、軍事の基本から解析。自ずと導き出されるのは、台湾有事が日本有事であるという事実だ。その時、列島には多国籍から送られる「ヒト・モノ・武器」の中継地になる。まさにウクライナ戦争におけるポーランドの立ち位置だ。

現行法で「ハブ」の役割を果たせるのかは疑問だ。改正のためには、皆さんの理解が必要である。

ロシアや中国は相手国の認知領域に攻撃を仕掛ける認知戦に長けている。中国政府は皆さん一人一人の思考を、つぶさに観察しているのだ。

知らないうちに皆さんは、グレーゾーン戦争のフロントラインに立たされてしまっているのである。

日本の安全保障構造を進化させる、という皆さんの覚悟を中国は嫌がる。つまり皆さん自身が、覚悟することこそが最初にして最大の抑止力だ。

皆さんが理解を深めることで、抑止力が上がることが本書の目的だ。そのことで有事発生を防ぐことが私の最大の願いである。

二〇二三年三月

参議院議員
佐藤正久

目次

CONTENTS

第2章

ウクライナが伝える「複合危機」の脅威

第3章

中国に攻めさせない日本の決断

第4章

分断する世界と経済安全保障

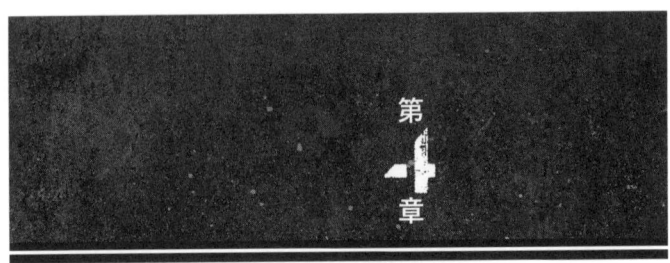

第5章 その時、列島に何が起こるか
――覚悟した日本国民こそ最大の抑止力

序章

哀悼 安倍晋三
元最高司令官

歴代で最も「自衛隊」を尊重した最高司令官

中国による日本への軍事侵攻が日に日に現実味を帯びてきている。すでにアメリカは「起こる可能性がある」ではなく、「いつ起こるのか」を前提に準備を開始した。

中国に侵略させないための日本人の覚悟、さらに侵略された後に中国に打ち勝つ日本人の覚悟、この必要性を解説することが本書の目的だ。

その時「国防」の主軸となるのが自衛隊である。その自衛隊の最高指揮権を有するのが内閣総理大臣だ。

２０２２年7月8日、痛ましい事件が起こる。歴代総理の中で自衛隊の最高司令官として最も多くの言葉を発信し、自衛隊のために行動した安倍晋三元総理が第26回参議院議員通常選挙の応援演説中に凶弾に斃れた。

その日、私は石川県小松での応援演説を終えた後、京都の四条河原町で安倍元総理と合流することになっていた。最初に安倍元総理、次が私、そして茂木敏充自民党幹事長という順番で、吉井章氏の応援演説が予定されていたのである。

安倍元総理は自衛官にとって特別な存在だった。当日の予定も合わさって、私のショックは相当なもので、湧き上がる無念と哀悼の念を抑えることができないほどだった。

歴代総理の中で、安倍元総理ほど自衛隊に謙虚に接し、自衛隊を尊重し、自衛隊のことを考えて動いた最高司令官を私は知らない。

安倍元総理以前、「国防」の主軸であるはずの自衛隊が、どのような扱いを受けてきたのか――自身の経験を交えながら伝えよう。

私がイラク復興支援業務隊の先遣隊として現地に飛び立ったのは2004年1月16日のことだった。

2003年3月19日に開戦したイラク戦争は、同年5月1日に連合軍側が「戦闘終結宣言」をしたことで終戦の形にはなっていた。だがイラク国内の混乱は続く。出発約1カ月半前の2003年11月29日には、私が調査に行っていた時に一緒に行動していた外務省・奥克彦参事官が武装グループに銃殺されるという事件が起こる。

奥参事官は外交官の肩書きを「連合暫定施政当局　日本代表」に変えて行動していた（次ページ「奥参事官が現地で使っていた名刺」参照）のだから、どこかからか情報が漏れ、狙われたということだ。以降、命日には亡くなった「戦友」に心からご冥福を祈っている。

奥参事官が現地で使っていた名刺

バスラ空港での奥氏（右端）

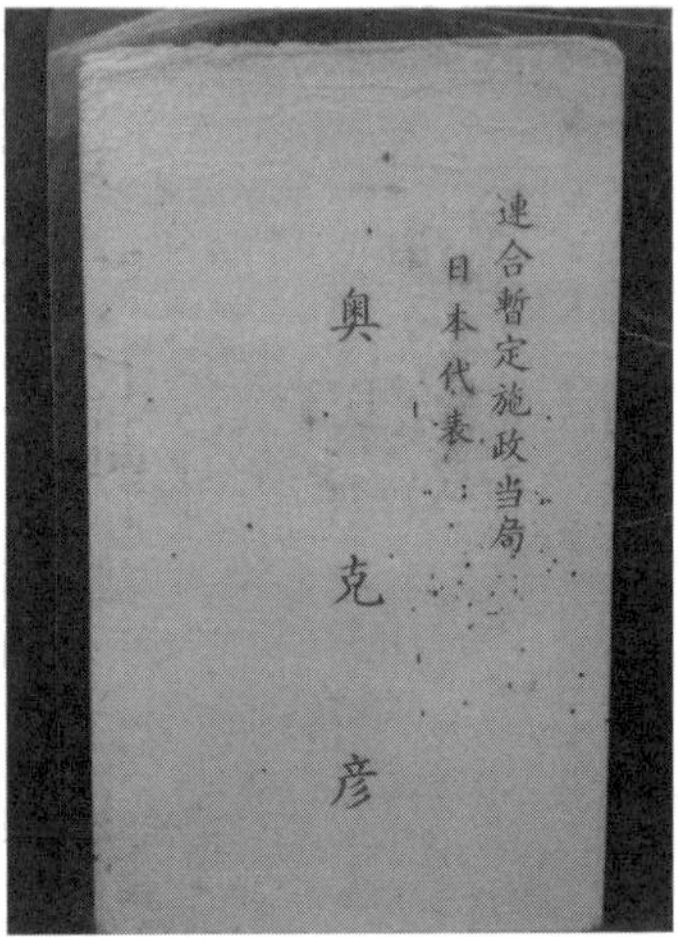

当時、マスコミは「自衛隊が初めて戦闘地域に派遣される」、「間違いなく死者が出るだろう」という論調でイラク派遣を報じていた。

反対派を気遣って「裏門から出ろ」

出発当日、隊長の私以下30人は、防衛庁で隊旗を授与された後、家族との別れの時間を過ごす。小さな子供がお父さんの迷彩服をぎゅっと握って、

「行って欲しくない」

と手を離さない。その横では奥さんが泣いている……悲壮な覚悟が交錯する防衛庁（当時）内部に対して、正門前には反対派が集まり、

「自衛隊の海外派兵は憲法違反だ！」

というシュプレヒコールを繰り返していた。あろうことか防衛庁内部局は我々に、

「正面に反対派はいるから裏門から出てってくれ」

と告げてきたのだ。隊員たちは命令で危険な地域に行くのに、浴びせられるのは「憲法違反」。しかも、身内である防衛庁からも「裏門から出ろ」だ。

悲しくなるのは当然である。

助け船を出してくれたのは、その事態を聞きつけた防衛庁副長官・今津寛衆議院議員（当時）だった。

「俺が掛け合う。ふざけんな。これから日本のために頑張ってくれる隊員を裏門から出すなどありえない！」

そうして今津議員は、ものすごい剣幕で石破茂防衛庁長官（当時）と掛け合ってくれて、ようやく正門から出ることになったのである。

見送る家族に敬礼をし、成田空港行きのバスに向かったが、ほとんどの女性が涙を流している。嗚咽してうずくまっていた隊員のお母さんもいた。隊長である私が泣いたら全員が泣いてしまう、そうすれば見送る家族に不安を与える――そう自分に言い聞かせて必死に涙をこらえていた私がいた。

そのバスの車内で私たちは迷彩服を脱ぎ、スーツに着替えることになっていた。なぜか――成田空港事務所は自衛隊が来ることは許可したが、迷彩服では使用させないことを告げてきたからだ。

「イラク派遣への反対意見が強いから、巻き込まれたくない」

という意図は明白だった。日本の航空会社も横並びの対応をした。日本航空、全日空を含めて迷彩服でも、スーツでも搭乗を拒否したのである。結局、アメリカの航空機でバンコクまで行き、そこでトランジットしてのイラク入りとなった。

成田空港では、ある隊員の母親から、

「隊長、最後に自分の息子と一緒に写真を撮ってください」

という申し出があった。もちろん快諾したが、その母親はシャッターが切れない。肩が震えて泣いている。その時、私は、

「あぁ、そういう意味の『最後』か……」

と理解した。この瞬間に、

「絶対帰ってくる。隊員を家族の元に返す」

と固く誓ったのである。出発の瞬間まで、空港に集まった反対派は「自衛隊の海外派遣は憲法違反だ」と声を上げていた。

人道的支援を通じた日本の国際地位向上のため、まさに「命懸け」でイラクに向かう私たちへの処遇は冷淡を超えるものだった。これが憲法によって地位を確認されていない「自衛隊」の置かれていた状況である。

「自衛隊の最高司令官が務まるか」が総理の資格

「憲法改正」は自民党の党是であるのにもかかわらず、歴代総理は「党内議論」に留め続けてきた。その「憲法改正」を目標として、具体的に動いたのが、安倍元総理だ。

2012年12月に自民党は民主党からの政権奪取を実現した。ところが、同年度の防衛大学卒業式は、自由民主党大会と重なっていた。それを知った安倍元総理は、「自民党も野党ボケした。防衛大学の卒業式は国家行事だ」として自民党大会の日程を変更した。民主党政権時代、総理だった菅直人氏が防衛大学の卒業式に参加したことはない。

2023年2月には『安倍晋三　回顧録』（中央公論新社）が刊行されたが、その中で安倍元総理は「総理」の条件をこう明言している。

〈首相にふさわしいか、ふさわしくないかを考える時、私は、国を守る最後の砦である自衛隊の最高司令官が務まるかどうか、が重要だと思うのです〉

では自衛隊の最高司令官と自衛隊は平時にどのような関係であるべきなのか――安倍元

平成28年度自衛隊記念日観閲式
総理訓示―平成28年10月23日

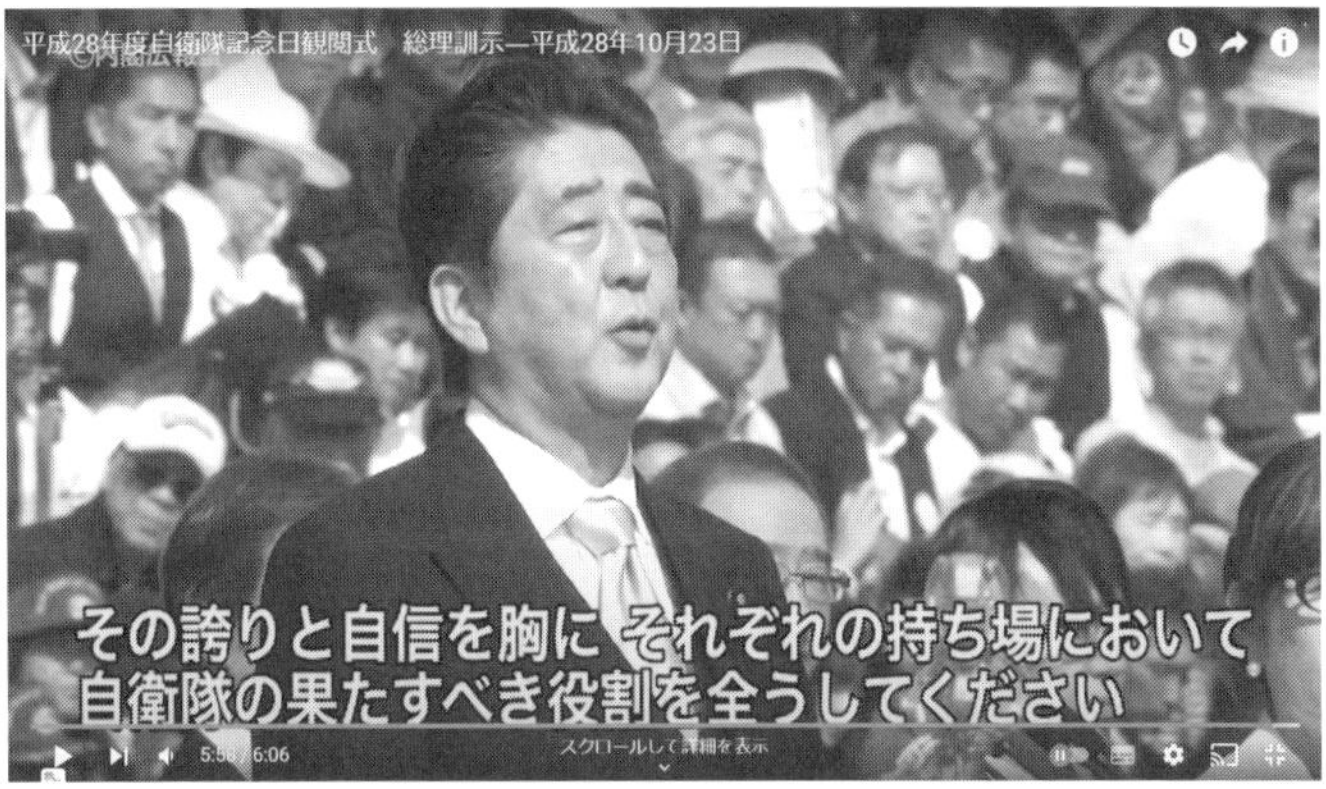

YouTube「首相官邸」公式アカウントより

総理の自衛隊に対する姿勢は２０１６年10月23日の「平成28年度自衛隊記念日観閲式　総理訓示」に凝縮されていると私は思う。

それを文字に起こしたものが、以下である。

3年ぶりに、再びこの朝霧の地で観閲式に臨み、士気旺盛なる諸君の姿を前に最高指揮官として大いに心強く、改めて身の引き締まる思いであります。

熊本地震、相次ぐ大雨。自然災害の現場には、必ず諸君たちの姿がありました。それはまさに「希望の光」であったと思います。

今、国民から揺るぎない信頼を勝ち得た諸君たちを、私は本当に誇りに思います。

今も、日本から1万1千キロ、灼熱のアフリカで、南スーダンの自立を助けるため、汗を流す隊員たちがいます。首都ジュバでは、カンボジアの部隊も共に活動しています。その若い女性隊員が、ある時、自衛隊員にこう話しかけてきたそうであります。

「約20年前、日本は私の国を支えてくれた。日本が私たちにしてくれたことを、今こうして、南スーダンの人たちに返せることを誇りに思う」

20年余り前、日本の自衛隊がカンボジアの大地に植えた「平和の苗」は今、大きな実を結び、遠く離れたアフリカの大地で、次なる「平和の苗」を育もうとしています。

南スーダンは、生まれたばかりの「世界で一番若い国」であります。あふれるような笑顔で隊員たちに手を振りながら、自衛隊の活動を見つめる子供たちの眼差し。彼らは将来きっと、南スーダンの平和な未来を切り拓く原動力となるに違いありません。

世界に「平和の苗」を植える。その大きな志を持って、この危険の伴う自衛隊にしかできない責務を、立派に果たしてくれている諸君に心から敬意を表します。

イージス艦一筋。一人の海上自衛官が5日前、31年に及ぶ自衛隊人生に幕を下ろしました。「父は、ほとんど家にいなかった」。高校2年生となった息子さんは、そうした父親に反発した時期もあったそうです。

今月、同じ艦の仲間が開いた送別会に、息子さんも招待されました。お父さんがミサイル防衛の最前線で、いかに重要な役割を果たしてきたか、どれだけ多くの後輩たちから尊敬を集めてきたか、代わる代わる話を聞いたそうであります。送別会の最後、マイクを握ったその息子さんは、こう述べたそうであります。

「父の背中が、今日ほど大きく、偉大に見えたことはありません。僕も、お父さんのように立派な自衛官になります」

本日、この場所には、隊員たちの御家族の皆様もたくさんいらっしゃっています。皆様どうか、誇り高き彼らの姿を、よくご覧ください。彼らの存在があったればこそ、日本は平和と繁栄を享受することができる。国民の命と平和な暮らしは、間違いなく彼らの献身的な努力によって守られています。

彼らは、日本国民の誇りであります。

御家族の皆様。大切な伴侶やお子様、御家族を隊員として送り出して下さっていることに、最高指揮官として心から感謝申し上げます。

隊員諸君。私と日本国民は常に、諸君をはじめ全国25万人の自衛隊と共にある。その誇りと自信を胸に、それぞれの持ち場において、自衛隊の果たすべき役割を全うしてください。

2013年4月14日、硫黄島を訪問した安倍総理は帰路に着く際、滑走路の下にも遺骨が埋まっていることを伝えられた。それを聞いた安倍総理は、

（首相官邸より）

「この下にも、まだたくさんのご遺骨が眠っている可能性がある…」

そんな想いがあふれだし、滑走路にそっと膝をついた。かつて命を賭して日本の国土を護った英霊への感謝と冥福を祈った。その脳裏の中に、2012年の政権奪取以前から中国の台頭と、日本への侵略意図を予見していた安倍総理が、「自衛隊をこのような惨劇に遭わせてはいけない」と思ったことは想像に難くない。

残念ながら現在の状況で中国との武力衝突が起これば、自衛隊は甚大な人的、物的損失を受けることになるだろう。物量やロジスティックスの問題はもちろん、法律、行政が有事を前提にして整備されていないのだから。

その損失を少しでもゼロに近づけなければならない。

繰り返すが、すでにアメリカは中国が「侵攻する可能性がある」ではなく、中国は「いつまでに侵攻する」という前提で動き始めた。一方で、日本の皆さんの多くが、その深刻性を共有していない。

そこでまずは、中国がいかに本気で侵攻に向かっているかの解説を始めていこう。

第1章

アメリカが導き出した開戦Xデー

日本列島と台湾島は中国の太平洋進出の壁

実際にアクションが起こるその時まで「有事」は予測しかできない。ロシアによるウクライナ侵攻の際にも、直前までアメリカを中心に侵攻リスクが指摘されたが、それが確定したのは2022年2月24日である。

「有事」は外形的な状況からしか判断できない。外形的な状況を把握するために必要なのは情報で、情報の収集・分析が「インテリジェンス」だ。

現在の行政の仕組みでは日本の対外情報収集の主担当セクションは外務省だ。官邸にすべての情報が集まるが、海外で収集活動を行うためには大使館のサポートが必要不可欠である。したがって日本で海外インテリジェンスを行う中心部署は外務省しかない。

特定の部署に責任を押しつける気持ちはまったくないが、日本にはアメリカのCIAなどの対外情報の専門機関はないから外務省が行うほかないのである。

2013年1月、アルジェリアでアルカイーダ系武装組織が、日本企業も運営に参加する天然ガスプラントを襲撃する事件が発生した。武装グループは日本人を含む外国人を人質として拘束したが、アルジェリア軍はこれを攻撃。結果、10人の日本人が亡くなる痛ましい結果となった。

この事件を受けて外務省では、対外インテリジェンスの強化を行った。こうしてテロ対策ユニットを大使館に置くようになったのだが、まだまだ十分ではない。

その理由は外務省の能力不足というよりも、法整備の部分にも問題があるからだ。アメリカ中央情報局、CIAをはじめとする海外のインテリジェンス機関は、法律を違反する許可を得て活動をしているが故に優れた情報収集能力を持つ。

対して日本の場合は法令順守が徹底されていて、テロ対策ユニットにも海外の他の機関ほどの権限を与えられていない。この障壁を壊さなければ国際水準のインテリジェンス能力を得ることは不可能だが、これにはまだ時間がかかる。

そこでアメリカやイギリスなどインテリジェンス大国の力を借りなければならない。

ところがアメリカ政府は、2023年に入ってから中国の台湾侵攻についての異様なほど強いシグナルを発信し続けている。これらのことは、本章内で後述する。

まずわかりやすい外形的な状況は、習近平政権の歴史だ。

2013年3月14日に国家主席に就任した習近平氏は、そのわずか約3カ月後の201

3年6月7日からの米中首脳会談で、当時のバラク・オバマ大統領に対して、「広く大きな太平洋には米中の両大国を受け入れる十分な空間がある」と発言した。現在の太平洋はアメリカの勢力圏にあるが、中国はそれを半分手に入れるとアメリカ大統領に宣言したのだ。

この「太平洋分割構想」実現に向けて戦略上最大の障壁になるのが日本列島と台湾島である。

実は日本列島と台湾島の価値は地図を逆さにするだけで一目瞭然になる（次ページ図「逆さ地図で見た中国の侵略と日本・台湾の位置関係」）。ユーラシア大陸を中心に考えると日本列島が海を挟んで覆う形になっていることが理解できるだろう。日本はユーラシア大陸にとって太平洋に向かう「出口」を塞ぐ形になっている。その「覆い」から太平洋側がアメリカの勢力圏だ。

日本は西側の陣営だ。西側とは価値観の違う中国、ロシアにとって、太平洋に進出していく上でも、アメリカと対峙するという意味でも「日本」は巨大な障壁になっている。すなわち中国、ロシアにとって「日本」は邪魔な存在ということだ。

逆に考えればもし日本が自分たちのものであれば、オホーツク海、日本海、東シナ海が

逆さ地図で見た中国の侵略と日本・台湾の位置関係

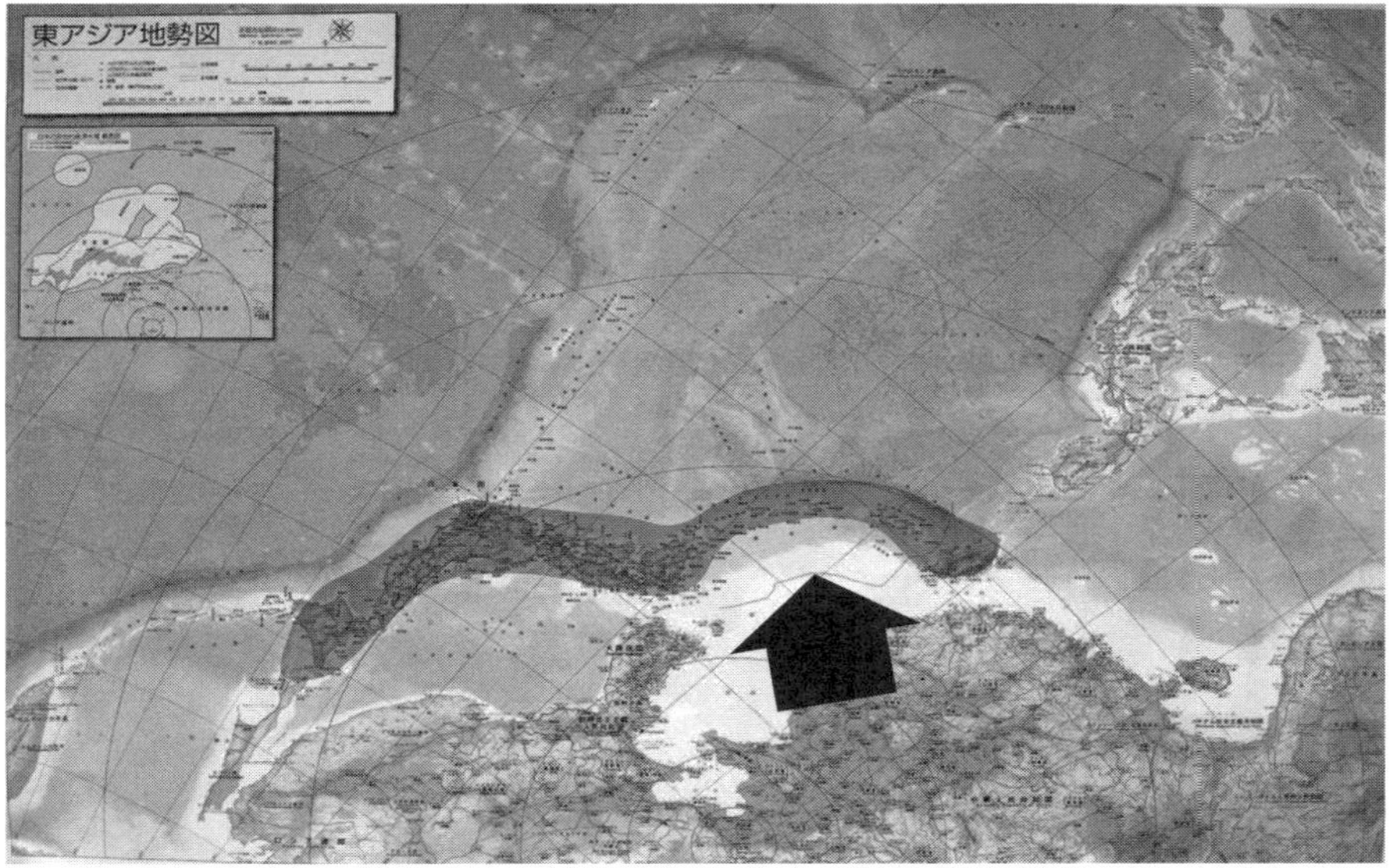

太平洋に向かう中国に対して、日本列島と台湾島は「蓋」になっている

防波堤となって太平洋側から自国を守ることもできるようになるのだ。

習近平体制の中国が喉から手が出るほど日本列島と台湾島を欲しいと思うのは当然である。

領土・領海の拡大を実現して「皇帝」を目指す習近平

現在の日本経済は中国に対する依存度が高い。そのことから、「まさか中国が侵略など……」と思い込んでいる日本人がほとんどという印象だ。

しかし実際に、習近平国家主席は、領土・領海の拡大を実現している。

1950年に中国はウイグル全土を制圧し、翌51年にチベットを制圧したが、習国家主席は毛沢東時代に手に入れたウイグル、チベットの統治を弾圧や管理をすることなどで確実なものにした。

南シナ海の南沙諸島も「鄧小平時代」である1990年代から、徐々に影響力を強めていった。そして人工島建設などを行って2015年から実効支配を確実なものにしたのだ。

実は習近平国家主席は先人たちが入手した利益を確実なものにするだけではなく、中国の歴史を力によって逆側に修正している。

その好例が2020年6月30日に施行された「香港国家安全維持法」による、事実上の一国二制度廃止である。ご存じのように香港は、1840年に勃発した中国とイギリスとのアヘン戦争の結果、42年に締結された南京条約によってイギリスに割譲された。「香港国家安全維持法」によって習政権は、アヘン戦争の前まで中国を戻したということだ。

残っている課題は何かを考えれば、日清戦争によって日本に奪われたと中国政府が思い込んでいる「尖閣諸島」、そして「台湾島」ということになる。

習近平国家主席が「歴史を逆転」させる方向で版図を拡大する根底の動機は、自らが「皇帝」になることだ。就任時、すでに中国は世界第2位の経済大国になっていたということで、人民に対して目に見える成果が版図の拡大、歴史の逆転だからである。

2022年10月23日、中国共産党第20回全国代表大会で習近平氏の国家主席3期目が確定し、2023年3月13日の全人代（全国人民代表大会）から4期を目指す3期目習体制が始動した。中国で3期、国家主席を務めることは「異例」だが、香港の自国領土化が「異例」を実現させたのである。

後述する3期目人事を見ても習近平国家主席が、前人未到の「第4期目」を目指していることは疑いようがない。その究極の目標は中国共産党規約に「習近平思想」を記載することである。

もともと中国には憲法が制定されているが、その憲法は「中国共産党が国を指導する」ことを定めている。党規約は一政党の規約だが、中華人民共和国では憲法以上に重要な位置づけになっている。

2018年3月、中国の国会に当たる全人代（全国人民代表大会）では、国家主席の任期を撤廃する憲法改正が行われた。同時に、憲法には、「習近平の新時代の中国の特色ある社会主義思想」と明記されることになったのだ。

一方で、2023年3月31日時点の「中国共産党規約（総則）」にこうある。

〈中国共産党はマルクス・レーニン主義、毛沢東思想、鄧小平理論と「三つの代表」という重要な思想をみずからの行動の指針とする〉

ここに「習近平思想」を書き加え「四つの代表」と明記すること、憲法にもシンプルに「習近平思想」と明記することが習国家主席の目標だ。これが推測でないのは、すでにミッションが始まっているからである。

2021年8月25日、中国の教育省は「習近平思想」を国家の教育課程に取り入れる新指針を発表。憲法に明記した「習近平の新時代の中国の特色ある社会主義思想」について、小学校から大学までの教育課程で教えていくことが決まった。まさに「赤い遺伝子」の人民への注入である。

「皇帝」に向けた第4期目の実現のために是が非でも手に入れたいのが台湾、そして日本だ。

粛清と制裁で第3期習王朝にこぎ着けた

中国が台湾・日本を侵攻する「本気度」と「その日」が遠い将来でないことを如実に示すのが、第3期習近平体制の人事である。

そこで「第3期以前」の状況を簡単に整理しよう。

これまで中国共産党の支配体制は大きく①江沢民派、②共青団、③習近平派の3つの派閥に分かれる集団指導体制となっていた。江沢民派、共青団の特徴は、以下のようなものである。

①江沢民派　鄧小平は江沢民、胡錦濤を後継指名していて、国有企業以外の中国国内企

業に大きな影響力を持っていたのが江沢民派である。経済成長や近代化の原動力となっていたテック系企業などの新興企業は、事実上、江沢民派が支配していたことから、経済の中心地をもじって「上海派」とも呼ばれる。

②共青団　中国共産主義青年団を略した共青団は優秀な成績で大学を卒業したエリート層が中心になった勢力で、権力中枢以外の行政機関に強い影響力を持っていった。単純に「団派」とも呼ばれ、旧来の中国共産党的な価値観ではなく、欧米の価値観を積極的に取り入れる傾向が強く、対外融和的なリベラル色の強い勢力性格を持っている。

習近平派のライバルは①の江沢民派で、就任当初は②共青団とは共闘関係にあった。2012年に中国共産党書記長に就任した習氏は、「トラもハエもたたく」と宣言し、党、軍や政府の上層部から末端まで汚職を摘発する「反腐敗闘争」を推進。

この「反腐敗運動」を通じて江沢民派ばかりか共青団を粛清し、中国共産党内部の政治権力の版図を塗り替えていったのである。

習近平政権がテック系企業の影響力を江沢民派から奪う政策の1つが、本書でも大きなトピックとなる民間技術を軍事技術に転用する「軍民融合」だ。

2017年に中国は、中央軍民融合発展委員会を新設。習近平国家主席自らが初代主任に就任し、李克強首相（当時）が副主任の一人となっている。一党独裁体制の最高権力者が音頭をとって軍民融合を主導した。

目的の1つがテック企業の事実上の「国有化」である。習近平派に逆らった者がどうなったか——。

中国国内のインターネットを支配しているのは、中国ITの2強であるアリババとテンセントだ。資金決済からゲームまで総合的なサービスを提供しており、米国企業は中国国内市場に参入できない状況になっている。

また、アリババ、テンセントはさまざまな企業を飲み込み、相互に連動して排他的政策を取り顧客の抱え込みを行ってきた。そのことで両社はさまざまなビッグデータを抱えている。

そのアリババ創業者、ジャック・マー（馬雲）氏は、2020年10月24日、上海で行われた金融フォーラムで、

「時代錯誤的な政府規制が中国のイノベーションを窒息死させる」

と、習近平政権の経済政策を批判するスピーチを行う。同年11月5日に、アリババ傘下のフィンテック大手、アント・グループは香港、上海市場に二重上場を予定していたのだ

が、上場3日前の同月2日、突如、上場が延期された。

中国テック企業の寵児としてもてはやされたジャック・マー氏は、スピーチ以降行方不明となり、以降、表舞台から姿を消す。2023年2月現在、日本を含めて世界中を放浪する姿が都度報じられていることから生存していることは確かのようではあるが……。

アント・グループは当初、自社サービスの「アリペイ」をアメリカで上場しようとしていた。アリババ自体はアメリカで上場しているから、子会社もアメリカで上場しようと考えたのである。

しかし、米中対立が表面化して以降、アメリカ側は規制を厳格化。中国側の規制も厳しいため、香港での上場に切り替えた。中国側の要請もあったと言われているが、香港、上海の二重上場を試みたのである。

アントが上場すれば4兆3000億円程度の上場益を得られると言われていたが、上場3日前に当局から上場を停止された。金融市場は、この一件をアリババグループに対する事実上の制裁と捉えている。

中国共産党　第20期人事が示す野望

江沢民派、共青団の凋落を象徴する出来事が、習近平氏が第3期目就任を確定させた第20回中国共産党大会で起こる。

２０２２年10月22日、閉会直前に出席していた前国家主席・胡錦濤氏の左隣に座っていた栗戦書《りつせんしょ》氏が胡氏からファイルを取り上げ、胡氏に話しかけた。栗氏の左隣に座っていた王滬寧《おうこねい》氏は手を差し伸べて２人を制止する様子が中継動画に映し出されたのである。

栗氏は最高指導部の政治局常務委員で、今期限りで引退することが確定していた。胡錦濤氏、栗氏、王滬寧氏はともに共青団の出身である。

ところが、その直後、習近平氏は周囲にいた人物に何かを話しかけ、その人物は胡錦濤氏の元に向かうと退席を促した。胡氏は習氏の手元にある書類に手を伸ばしたものの制止され、胡氏は習氏に何かを話しかけると、両脇を抱えられるように議場を「退場」させられたのだ（次ページ写真「胡錦濤氏退席の場面」参照）。

中国側は「退席」の理由を「体調不良」としたが、映像に残った胡錦濤氏の足取りはし

胡錦濤氏退席の場面

（左から習近平・胡錦濤・栗戦書・王滬寧）

っかりしている。この翌日の同月23日、習近平氏の第3期目就任が確定。約1カ月後の2022年11月30日、江沢民は96歳の生涯を閉じた。

中国共産党の権力構造は「チャイナ・セブン」と呼ばれる7人の「政治局常務委員」を頂点に形成される。胡錦濤氏が手を伸ばした書類には、「新人事」が記載されていたことが報じられている。

この時点で79歳の老骨を奮い立たせたのは、2012年に当時最年少で政治局委員となった胡春華（副首相）氏の不選任と降格だったという見方が強い。実際に江沢民派、共青団にとっては衝撃的で屈辱的な人事だったことは、発表後に明らかになる。

第3期習政権の「チャイナ・セブン」は序列順で以下の陣容となった。

1. 習近平（総書記、再選）
2. 李強《りきょう》（上海市書記）
3. 趙楽際《ちょうらくさい》（中央紀律検査委員会書記、再選）
4. 王滬寧（中央全面深化改革委員会弁公室主任、再選）
5. 蔡奇《さいき》（北京市書記）
6. 丁薛祥《ていせつしょう》（中央弁公庁主任）

7．李希《りき》（広東省書記）

この人事をまとめたのが次ページの図「中国共産党　第20期中央指導部（政治局常務委員）」である。新たなチャイナ・セブンが習氏の側近で固められていることは一目瞭然だ。口にこそ出さないものの、習近平氏の「鄧小平を超えた」という心の声が聞こえるようだ。この中に「次」がいないことから、習氏が「第4期目」を目指していることは疑いようもない。

さらに特徴的なのが、以下に列挙する、その他の政治局員である。

馬興瑞《ばこうずい》（新疆ウイグル自治区書記）、王毅《おうき》（外交部部長）、尹力《いんりき》（福建省書記）、石泰峰《せきたいほう》（中国社会科学院院長・書記）、劉国中《りゅうこくちゅう》（陝西省書記）、李乾傑《りかんけつ》（山東省書記）、李書磊《りしょらい》（中央宣伝部副部長）、李鴻忠《りこうちゅう》（天津市書記、再選）、何衛東《かえいとう》（東部戦区司令員）、何立峰《かりつぽう》（国家発展改革委員会主任・書記）、張又俠《ちょうゆうきょう》（中央軍事委員会副主席、再選）、張国清《ちょうこくせい》（遼寧省書記）、陳文清《ちんぶんせい》（中央国家安全委員会弁公室副主任、国家安全部部長・書記）、陳吉寧《ちんきちねい》（北京市長・副書記）、陳《ちん》敏爾《びんじ》（重慶市書記、再選）、袁家軍《えんかぐん》（浙江省書記）、黄坤明《こうこんめい》（中央宣伝部部長、再選）

まとめたものが、49ページの図、「中国共産党　第20期中央指導部（その他の政治局員）」である。特筆すべきは習近平氏が重視する宇宙、軍事産業、原子力等の技術畑出身が大勢

中国共産党　第20期中央指導部（政治局常務委員）

習近平・中央委員会総書記　3期目 ⇒ **後継者不在**
↓
4期目へ

- ●常務委員　7名　➡　うち4名新任
- ●政治局委員　17名　➡　うち13名新任

習　経歴等で習近平と重なっている時期がある者

習（黒地）　報道等で習近平あるいは習の側近に近いと言われている者

政治局常務委員（7名、序列順）

※年齢は2022年末時点の満年齢

	習近平《しゅうきんぺい》(69) (Xi Jinping)	李　強《りきょう》(63) (Li Qiang)	趙楽際《ちょうらくさい》(65) (Zhao Leji)	王滬寧《おうこねい》(67) (Wang Huning)	蔡奇《さいき》(67) (Cai Qi)	丁薛祥《ていせつしょう》(60) (Ding Xuexiang)	李　希《りき》(66) (Li Xi)
【現職】	中央委員会総書記、国家主席、中央軍事委主席	上海市党委書記	中央紀律検査委員会書記	中央書記処書記	北京市党委書記	中央弁公庁主任	広東省党委書記
【新職】	中央委員会総書記、国家主席、中央軍事委主席				中央書記処書記		中央紀律検査委員会書記

を占めている点だ。日本の外務省が、

「こんなに専門家が多い政治局は見たことがない」と漏らすほどの異例の体制である。習近平氏が「テクノロジー」を軸に、アメリカに打ち勝つことを目的にしていると考えるべきだ。

その根拠を整理する。

技術開発のギャップを狙う

リープフロッグとは「カエル跳び」の意味で、特定の技術で新興国が先進国を追い越す現象は「リープフロッグ型発展」と呼ばれる。

携帯電話の普及とサービスはその典型だ。

中国やアフリカは先進国より早く携帯電話が普及し、キャッシュレス決算など先進的なサービスを次々と導入していった。

すでに有線電話網が整備されている先進国では、携帯電話に移行する過渡期で通信サービスの重複と混乱が発生する。また「旧来の通信」に対する規制法が「新たな形の通信」

中国共産党　第20期中央指導部（その他の政治局委員）

習　経歴等で習近平と重なっている時期がある者

習　報道等で習近平あるいは習の側近に近いと言われている者

専　習近平が重視する分野（宇宙・軍事産業・原子力等）の専門性があるとされる者

その他の政治局委員（17名、序列なし）　（姓（簡体字表記）の画数順）（※役職は第20期一中全会終了時点）　※年齢は2022年末時点の満年齢

	馬《ば》興瑞《こうずい》(63)	(Ma Xingrui)	新疆ウイグル自治区党委書記
	王《おう》毅《き》(69)	(Wang Yi)	国務委員兼外交部部長
	尹《いん》力《りき》(60)	(Yin Li)	福建省党委書記
	石《せき》泰峰《たいほう》(66)	(Shi Taifeng)	中国社会科学院院長
	劉《りゅう》国中《こくちゅう》(60)	(Liu Guozhong)	陝西省党委書記
	李《り》幹傑《かんけつ》(58)	(Li Ganjie)	山東省党委書記
	李《り》書磊《しょらい》(58)	(Li Shulei)	中央宣伝部副部長
	李《り》鴻忠《こうちゅう》(66)	(Li Hongzhong)	天津市党委書記
	何《か》衛東《えいとう》(65)	(He Weidong)	人民解放軍元東部戦区司令員
	何《か》立峰《りつほう》(67)	(He lifeng)	全国政協副主席兼国家発展改革委員会主任
	張《ちょう》又侠《ゆうきょう》(72)	(Zhang Youxia)	中央軍事委副主席
	張《ちょう》国清《こくせい》(58)	(Zhang Guoqing)	遼寧省党委書記
	陳《ちん》文清《ぶんせい》(62)	(Chen Wenqing)	国家安全部部長
	陳《ちん》吉寧《きちねい》(58)	(Chen Jining)	北京市市長
	陳《ちん》敏爾《びんじ》(62)	(Chen Min'er)	重慶市党委書記
	袁《えん》家軍《かぐん》(60)	(Yuan Jiajun)	浙江省党委書記
	黄《こう》坤明《こんめい》(66)	(Huang Kunming)	中央宣伝部部長

の参入障壁になり、どうしても普及が遅れてしまうのだ。

結果、「携帯電話」と「携帯電話サービス」においては、通信環境が未整備の新興国が先進国を追い越す逆転現象が起こる。

2019年11月、エスパー国防長官（当時）は、国家安全保障委員会のAI会議で、「中国は、現在の技術に関してアメリカを『カエル跳び』して、宇宙空間やサイバースペースを含むさまざまな領域で戦争を変革しようとしている」

と述べた。

第3期習近平政権で登用された「宇宙開発」はその典型だ。

1957年10月にソ連が人工衛星スプートニク1号の軌道投入を成功させる、この「スプートニク・ショック」に触発されたアメリカは本格的に宇宙開発に乗り出す。1961年4月12日にソ連が人類初の有人宇宙飛行を成功させると、アメリカはアポロ計画を立ち上げ、1969年7月21日、NASA（アメリカ航空宇宙局）は人類初の有人月面着離陸に成功する。

1972年までに全6回の有人月面着陸に成功したものの、アメリカの宇宙への期待値は下がることになった。その後、宇宙開発は惑星探査や地球周回軌道へ向かったが冷戦が終結する1990年代からNASAの予算は削減した。

その予算の多くを莫大な運用費がかかるスペースシャトルに投入しながら、米・日・ロ・欧・カナダで共同して、90年代末期からISS（国際宇宙ステーション）を建造。ISSの運用開始からしばらくアメリカは目立った宇宙開発を行ってこなかった。

この「すき間」を狙って猛烈な勢いで宇宙開発に向かったのが中国だ。

2003年に有人宇宙飛行に成功。2007年には月に探査船を送り込む。2019年1月には、中国の月面探査機「嫦娥4号」が世界初となる月の裏側での軟着陸を成功。2021年5月14日には、中国の探査機「天問1号」が火星への着陸に成功している。2023年1月11日には、2011年に建造を開始していた独自の宇宙ステーション「天宮」の完成を宣言した。

アメリカが宇宙開発を停滞させていた時に一気に追い越した形だ。

慌てたアメリカは2019年5月に、人類が持続的に月に滞在しながら火星への有人飛行を目指す「アルテミス計画」を発表。宇宙開発の先駆者が「中国」を猛追する逆転現象が起こっている。

中国の脅威は、国家戦略として「リープフロッグ」が起こりやすい技術領域を選択し、その開発に集中投資している点だ。自動運転システム、ＥＶ、ネット通販と決済システムなど、中国の発展を象徴するキーワードには常に「リープフロッグ」がある。

原子力のテクノクラートを参画させた意味

第３期習近平政権で「原子力」のテクノクラートが重用されていることも、有事を前提とした人事と考えることができる。

中国が台頭していった２０００年代、日本国内では、「食料自給率の不足や資源を中国からの輸入で賄う。中国と友好的な関係を維持することは、日本の利益である」

と一部の国際政治学者を中心に識者が主張し、それを受けてメディアはまるで中国が救世主であるかのように報じた。

だが「食料生産大国」、「資源産出大国」はすべて中国の「自称」であることが、２０００年代後半から明らかになる。

最初に捲れた「自称」が石炭だ。

中国は世界最大の石炭の産出国だが急速な経済成長に伴って需給バランスが崩壊。2008年ごろから国内産石炭が高騰。石炭輸入量は2008年の4080万トンに対して、2009年が1億2600万トンにまで急増。2022年石炭総輸入量は前年比9・2%減の過去4年最低量だったとはいえ、2億9320万トンである。

同時に食料生産大国の「自称」も捲れた。

2009年以前、中国は食料自給率を満たし純輸出国だったが、2010年から中国の食料輸入量は増加し、2023年の現在では純輸入国となっている。

自国生産できない石油については2017年にアメリカを上回る世界1位の輸入国となって以降、この位置を維持。2019年時点で世界の原油貿易の23％は中国が占めている。石油消費量はアメリカに次ぐ世界2位で、世界の消費の1割強を占め、消費の7割を輸入している状況だ。

石油は中国のアキレス腱となっている。

石油を輸入に頼る中国だが、産油地・中東からアジアに向けて多くの石油が輸出されている。そうした石油の実に8割以上が、マレーシアとインドネシアの間の細い海峡「マラッカ海峡」を通過して輸送されているのだ。この海峡を封鎖されれば中国は中東から石油を輸入するシーレーンを喪失する。

そうなれば中国経済は稼働できない。このことは、中国の悩みのタネという意味で「マラッカ・ジレンマ」と呼ばれる。

中国経済にとっての心臓ともいえるマラッカの安全保障を担っているのが、他ならないアメリカである。シンガポールのチャンギ海軍基地に、最新鋭の沿岸警備戦闘艦を配備。さらにシンガポールの特殊部隊を、ビンラディン暗殺作戦などを成功させたアメリカ海軍の特殊部隊、ネイビー・シールズが指導も含めて支援している。

加えてマラッカの入り口にはカシミールで中国と領土問題を抱えているインドがいて、イギリスが最新鋭の軽空母を、シンガポールに常駐させようという動きもある。

南側の回避ルートがないわけではないが、あまりにも大回りで現実的ではない。しかも2021年9月15日にはオーストラリア、イギリス、アメリカによる軍事同盟AUKUSが結成。マラッカ海峡が封鎖されれば南回りルートの使用も不可能になる（次ページ図「マラッカ・ジレンマの概略図」参照）。

マラッカ・ジレンマの概略図

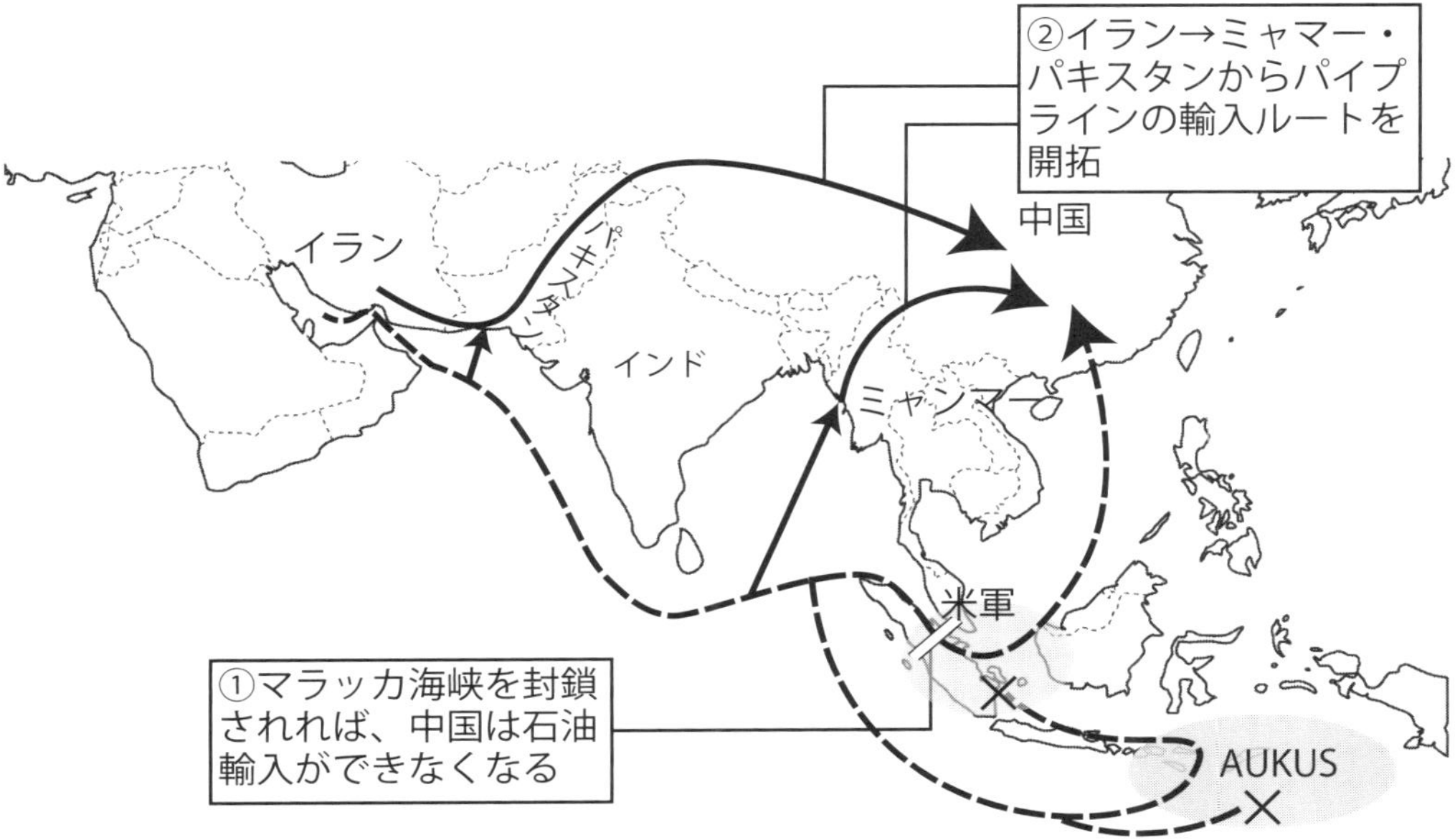
②イラン→ミャマー・パキスタンからパイプラインの輸入ルートを開拓
中国
イラン
パキスタン
インド
ミャンマー
米軍
①マラッカ海峡を封鎖されれば、中国は石油輸入ができなくなる
AUKUS

中国の悪夢を提言したアメリカ議会

このマラッカ・ジレンマから脱出するために中国はミャンマーを起点にしたパイプラインを敷設。中国の国有企業が主導して2013年に天然ガス用の、2017年には原油用の運用が開始された。さらにイラン－パキスタンを経由するパイプラインを敷設して、マラッカを回避するルートを作っている。そこに加わるのがロシアからのパイプラインだ。

パイプラインの危険性と脆弱性を示したのがロシアだ。ウクライナ侵攻後、ロシアはヨーロッパをエネルギーで揺さぶった。供給国にエネルギープレゼンスを握られることは、巨大なリスクということだ。

また2022年9月26日には、ロシアからヨーロッパに天然ガスを供給するノルドストリームが爆破された。パイプラインは常に稼働することが運用の条件で、一度止めると、再開までにはかなりの時間を要する。破壊リスクがある限り、パイプラインを全面的に信用することはできない。

シーレーン確保がエネルギー調達の核心ということになる。

ところが中国にとっての悪夢の実現準備を提言したのが、アメリカ議会のUSCC(U.S.-China Economic and Security Review Commission の略で「米中経済・安全保障調査委員会」)だ。2022年11月15日に発表した、「2022年　米国議会への年次報告書」にこうある。

「米国議会は、米国国防総省に対し、中国が関与する軍事衝突が発生した場合に、中国向けのエネルギー輸送を効果的に封鎖することの実現可能性と軍事的要件に関する機密報告書を作成するよう指示する。報告書は、特にマラッカ海峡と、同海峡を通過する中国向け船舶の封鎖を運用することの実現可能性に焦点を当てるべきである。報告書はまた、中国が危機や紛争時に、備蓄や供給制限、現在および計画中の国境を越えた石油・ガスパイプラインによる陸上輸送に頼ることで、どの程度エネルギー需要を満たすことができるかも検討すべきである」(「USCCレポート2022総覧全文」第2章・第3節「14」)

マラッカ封鎖の準備に入るよう、提言したということだ。「提言」とはいえ、このUSCCレポートは、アメリカが日本に送る「年次改革要望書」のように、委員会が議会に送る「タスクリスト」である。

有事を前提にした場合、中国にとって国内生産できるエネルギー生産手段の開発は急務ということだ。

原発大国に脱皮

もちろん中国は、こうしたリスクを見越し準備を進めていた。それこそが原子力発電の開発である。しかも原子力発電技術は、リープフロッグを起こせるテクノロジーになっていた。

原発事故の歴史を整理していこう。

１９７９年のスリーマイル島原発事故を受けて、翌１９８０年に脱原発を決定したのがスウェーデンだ。電気料金の上昇やＣＯ２排出量増加を受けて、新原発建造に方針転換をしたのは２０１０年のことである。

１９８６年のチェルノブイリ原発事故はヨーロッパの原発政策に大きな影響を与えた。エネルギー資源貧国のイタリアは１９８８年に一定期間の建設凍結を決定。１９９０年に全基閉鎖のまま今日に至る。ベルギーは１９８８年に建設計画を撤回し、２００３年に建設禁止を法制化した。

2011年の福島第一原発事故後にドイツ、スイス、台湾、韓国は改めて脱原発を表明している。

スリーマイル島原発事故の後は、原子力に対する不信が高まったアメリカは、現在世界で最多の99基の原発を稼働させているが、ほとんどが1980年代までに稼働した原発だ。99基中、実に86基が寿命を60年に延長している。

2017年6月にトランプ大統領（当時）が、「エネルギーの優越（Energy Dominance）を確立する6つのイニシアチブ」の目玉として原子力を取り上げたことで、方針が大きく変わった。

現在、アメリカでは複数の原発プロジェクトが進行しているものの、実に30年間も原発の新造が行われなかったのである。

中国にとって原子力発電は願ってもないリープフロッグ技術だったということだ。

現在、世界の原子炉開発は2つの方向性に向かっている。

1つが大型軽水炉で燃料技術、熱効率、受動的安全システムなどを改良し、メンテナンスとコストの削減のための原子炉設計の規格化などを実現した第3世代原子炉である。

もう1つが、2021年の衆院選に際して、自民党公約に開発投資が明記されたSMR

と呼ばれる小型炉だ。SMRは「Small Modular Reactor（小型モジュール炉）」の略で、現在、世界各国が開発している、まったく新しいコンセプトの原子力発電「装置」である。

既存の大型原子炉は冷却するためにポンプで大量の冷却水を送り込まなければならない。対して小型モジュール炉は体積に比べて大きな表面積を持っていて、大量の冷却水を送り込まなくても済む。またアクシデントがあっても炉が自然に冷える構造だ。

その意味で安全性が高く、冷却用の大型装置を必要としないため原子炉全体を簡単な構造にすることができる。

大型原子力発電所を新造するためには大規模な工事を必要としていたが、SMRは規格化された部材を工場で生産し、組み上げてユニット化して設置する。

こうすることで高い品質管理と工期の圧縮を可能にして、低コストを実現する。

2021年1月30日、中国は独自に開発した第3世代原子炉「華龍一号」の商業運用を開始。出力100万キロワットの第3世代大型原子炉の運用は世界初だ。

2022年1月時点、第3世代大型原子炉はアメリカ製4基に対して中国製が2基運転を開始している。建設中の原発はアメリカ製が2基に対して、実に中国製は14基。建設計画ではアメリカ製0基に対して、中国製は7基となっている（次々ページの上図「供給国別の新型軽水炉建設状況」参照)。

一方で「IAEA(国際原子力機関)2020」を基にしたSMRの開発状況が次ページの下図「世界の開発中SMR」だ。アメリカ計18基に対して、中国は8基と劣勢に見える。だが、中国は2010年にオリジナルのSMR「玲龍一号」の開発をスタート。2021年7月13日に、「玲龍一号」の実証炉建設の着工を開始。陸上でSMRが組み立てられるのは世界初である。

中国が西側に先駆けて原発開発プロジェクトを実用化し、それを西側が追いかける構図がわかるのが、64ページの図「主要国のプロジェクト」だ。

次章で詳述するが、ロシアのウクライナ侵攻は、核を保有する資源・エネルギー産出国は侵略戦争を行うことができるという現実を示している。エネルギー需要を満たせない中国は、原発開発によってエネルギーを得るということだ。

中央指導部に原子力系のテクノクラートが登用されたことも、中国が有事に向かっている1つの傍証といえるのである。

供給国別の新型軽水炉建設状況（2022年1月現在）

供給国	メーカ	炉型名	炉型	出力	運転	開発基数	
				万kW		建設	計画
米国	WH	AP1000	PWR	110	4	2	0
フランス	フラマトム	EPR	PWR	160	2	4	4
		EPR2	PWR	～170	0	0	0
ロシア	ロスアトム	VVER1200	PWR	120	5	10	12
		VVER-TOI	PWR	126	0	2	9
韓国	KHNP	APR1400	PWR	140	3	7	0
中国	国家電投	CAP1400	PWR	140	0	2	0
	CGN CNNC	華龍1号	PWR	116	2	12	7

世界の開発中SMR（IAEA2020）

国名	軽水炉		第4世代炉（GenⅣ）			マイクロ炉	合計
	陸上 LWR	海上 LWRS	高温ガス HTGR	高速 FR	溶融塩 MSR	MiMR	
米国	5		2	4	4	3	18
英国	1				1	1	3
カナダ	1		1	1	1		4
ロシア	7	5	3	2			17
中国	4	1	2		1		8
日本	2		2	1	1	1	7
韓国	1			1			2
フランス	1						1
その他	3		4	3	2	1	13
合計	25	6	14	12	10	6	73

JEPIC（海外電力調査会）作成
世界の革新炉 開発動向（2022年3月28日）より

中央軍事委員会メンバーの異様性

習近平国家主席に権力を集中させ「富国政策」に突き進む中国だが、これを「脅威」と評価できるのは国内経済の発展だけではなく「強兵政策」がセットになっているからだ。そのことが顕著に表れているのが、第3期習近平政権の中央軍事委員会メンバーの以下の陣容にある（敬称略）。

主席　習近平

副主席　張又俠《ちょうゆうきょう》　何衛東《かえいとう》

委員　李尚福《りしょうふく》　劉振立《りゅうしんりつ》　苗華《びょうか》　張昇民《ちょうしょうみん》

まとめたものが、67ページ図「中国共産党　第20期中央指導部（中央軍事委員会）」だ。

この人事から見えるのも「侵攻」である。

実際に、2023年10月23日の中央軍事委員会の選出に先立ち、習国家主席は共産党大会の政治報告で、台湾に対する

「武力行使の放棄は決して約束しない」

主要国のプロジェクト

	推進者（代表）	原子炉名	サイト	建設スケジュール(2019～)														
					20					25					30			
米国	UAMPS	VOYGR	アイダホ州INL						○	◎			●					
	オクロ	Aurora	アイダホ州INL		○		<	◎	■	■	■	>	＊2022.1.NRC申請却下					
	テラパワー	Natrium	ワイオミング州					○	◎				●					
	Xエナジー	Xe100	ワシントン州							◎			●					
	ケイロス・パワー	Hermes	テネシー州								●							
英国	ロールスロイス	UK-SMR	未定				○			◎						●		
	Urenco	U-Battery	未定													■	■	
カナダ	OPG、BP	BWRX-300	オンタリオ州（1基）				○						●					
	SKP	BWRX-300	サスカチュワン州（～4基）														●	
	NBP	ARC-100	ニューブランズウィック州												●			
	NBP	SSR-W	ニューブランズウィック州													■	■	
	OPG	MMR	オンタリオ州			○					●							
	BP	eVinci	未定								●							
ロシア	ロスアトム	BN-800	ベロヤルスク	●	（2016年）													
	ロスアトム	KLT-40S	チュクチ自治管区		●													
	ロスアトム	RITM-200M	チュクチ自治管区									●						
	ロスアトム	RITM-200N	サハ共和国						◎				●					
中国	華能集団	HTR-PM	山東省威海市				●											
	CNNC	ACP100	海南省昌江			◎					●							
	CGN	ACPR50S	（渤海沿岸）			■	■											

凡例	
●	運開予定
■	運開時期
◎	着工予定
○	安全審査開始

JEPIC（海外電力調査会）作成
世界の革新炉 開発動向（2022年3月28日）より

と強調している。

陣容の第一の特徴は習近平氏への「忠誠」を軸にした「結束」だ。

制服組トップの副主席に就いた張又俠氏の父親と習近平氏の父親は、1494年の国共内戦で戦友だった関係にある。アメリカ国防省は毎年議会向けに中国軍の軍事力を分析したレポートを提出しているが、2022年レポートで張又俠氏を人民解放軍の「小君主」と表現したほど、軍内に強大な権力を持っている。

2022年10月時点で72歳と、慣例では中央軍事委員会を引退する年齢の張又俠氏を留任させた理由は、交代による人民解放軍の結束の乱れを回避したとみるべきだ。すなわち開戦は決して遠くないということでもある。

その「小君主」と同じポジションに新任したのが、東部戦区の前司令官、何衛東氏だ。東部戦区の作戦区域には台湾が含まれる。習近平氏が福建省幹部だった時、同省の第31集軍団に所属していたことで2人は関係を深めた。

2022年8月2日深夜、アメリカ下院のナンシー・ペロシ議長（当時）が訪台。反発した中国は台湾海峡付近で空前規模の軍事演習を行ったが、その演習を統括したのが何衛東氏である。

特に異質なのが、張又俠氏の子飼いとされる新任の李尚福氏だ。

2018年9月20日、アメリカ政府はロシアから戦闘機「SU－35」と、地対空ミサイルシステム「S－400」型ミサイルを購入したとして、人民解放軍に制裁を科すことを発表。この時、中央軍事委員会装備発展部（EDD）と、そのトップを務める李尚福氏も制裁対象となった。

中国で国防省に相当するのが中華人民共和国国防部で、国防大臣に相当するのが国防部長だ。2023年3月11日の全人代で李尚福氏は新国防部長に着任。その背景にあるのも侵攻準備だ。

次期国防大臣選任の背景にある軍改革

前述したように李尚福氏は軍の装備を開発する装備発展部という技術畑の出身者だ。さらに重要なのは、李氏が電子戦やサイバー戦、宇宙戦を担う「戦略支援部隊」の所属経験がある点だ。

世界の軍の常識から言っても生粋の技術畑出身者が国防トップに就任することは、かな

中国共産党　第20期中央指導部（中央軍事委員会）

習 経歴等で習近平と重なっている時期がある者

習 報道等で習近平あるいは習の側近に近いと言われている者

専 習近平が重視する分野の専門性があるとされる者

【軍幹部人事も台湾念頭】

	習 	習 	専 		習 	
習近平《しゅうきんぺい》(69) (Xi Jinping)	張又侠《ちょうゆうきょう》(72) (Zhang Youxia)	何衛東《かえいとう》(65) (He Weidong)	李尚福《りしょうふく》(64) (Li Shangfu)	劉振立《りゅうしんりつ》(58) (Liu Zhenli)	苗華《びょうか》(67) (Miao Hua)	張昇民《ちょうしょうみん》(64) (Zhang Shengmin)
総書記、国家主席、軍事委主席	中央軍事委副主席	人民解放軍元東部戦区司令員	中央軍事委装備発展部部長	中国人民解放軍陸軍司令員	中央軍事委政治工作部主任	中央軍事委紀律検査委書記
台湾統一に強い意欲	習氏と父親からの関係 異例の留任	台湾作戦に精通	米からの制裁も起用	首都防衛のプロ 参謀長	習氏と福建省時代からの間柄	規律担当

り異例である。この意味を理解するために習国家主席が「肝煎り」として自ら行った軍改革について解説していきたい。

人民解放軍とは旧日本軍や、後に対立する国民党と戦うための中国共産党の軍隊だった。内陸部での戦闘に特化したため、1949年の建国を過ぎても人民解放軍＝陸軍という図式は不変だった。

1932年の第一次国共内戦中、旧ソ連の軍体型を模倣して江西軍区が設立。以降、人民解放軍は「軍区」を基準に区分けされていく。各軍区に2〜3個の集団軍が配置された。軍区内の海軍や空軍、「第2砲兵」と呼ばれる戦略ミサイル部隊などの近代化した部隊は、平時には独立した軍種として扱われるが、戦時にのみ「戦区」司令部が設立され部隊を統括する仕組みだ。

1948年から49年にかけて6軍区に再編成され、その後、7軍区となった。空軍や海軍などがどれほど整備されても、「陸軍」の傘下にぶら下がる軍構造が維持されてきたのである。

近代化に向けて最初に改革を行ったのが鄧小平だ。1985年に13軍区を7軍区に再編し、同時に100万人の人員削減が実施された。

この改革の背景には軍の近代化というよりも、中国独自の理由がある。

シビリアンコントロールが法によって徹底している近代法治国家とは違い、人治国家の中国では、人民解放軍は中国共産党の「軍」である。治安維持や国防、領土拡大の要でありながら、いつクーデターを起こすかも知れない危険な暴力装置を、時の権力者はコントロールする必要があった。

鄧小平が行った人員削減の背景には、「改革・解放」実現に向けて、強大な暴力が反旗を翻さないようにするという事情があったのである。

習近平国家主席は、鄧小平が再編した人民解放軍を「戦って勝てる軍」へと再編した。勢力が圧倒的だった陸軍のパワーを落とし、陸・海・空・宇宙・サイバー空間などで領域横断的に統合運用を通じて人民解放軍が勝利できるようにしたのである。

2015年12月31日、北京にある人民解放軍中枢が所在する「八一大楼」で陸軍指導機関、ロケット部隊、戦略支援部隊の設立会議を実施。翌2016年に一気に人民解放軍の再編を実施する。

前述したように「戦区」は戦時に設立されていたが、2016年2月1日、習国家主席は、7つに分割されていた陸軍色の強い「軍区」を5つの統合色の強い「戦区」に再編することを宣言。各戦区毎に戦区統合作戦指揮機構が置かれ、平時も戦時の区別なく統合作戦機構指揮所を常態的に運用する体制が整備された。さらに、同年には中央軍事委員会の直下に「統合作戦指揮センター」を設立し、習氏自身が最高司令官に就任した。

軍体系のモデルにしたとされているのが米軍である。

党の軍から習近平の私設軍隊へ

習国家主席は、「ロケット軍は、国家の安全を維持する重要な基礎である」と指摘した上で、「信頼できる核抑止力と核反撃力を増強させ、中遠距離の正確な打撃力の建設を強化していくよう」指示する。

人民解放軍改革の要の1つが習主席自ら、

「国家の安全を守る新型の作戦勢力であり、わが軍の質的に新しい作戦能力において重要な成長点だ」

とした「戦略支援部隊」だ。

後で詳述するが2014年のロシアによるクリミア侵攻によってサイバー空間で優性を

保ちながら情報を武器に変える軍事作戦の有効性が実証された。そこで習近平氏は情報化戦に勝利できる軍隊を目標とした。

戦略支援部隊の主な任務とは、宇宙空間、サイバーという新たな戦場で局所的優位を獲得し、作戦の円滑な実施を確保できるように戦場の作戦を支援することだ。

平時からGPSや宇宙通信網の管理、保護、サイバー空間を監視しサイバー攻撃からの防衛、サイバー攻撃の実施を行い、戦時には情報を武器に変えながら、各部隊が連動して機能するように情報支援する中央軍事委員会直下の組織である。

習近平氏の再編の結果、人民解放軍は次ページ図「人民解放軍の組織図」のような構造になった。

前述したように、李尚福氏は人民解放軍の「小君主」で、実父が習近平氏の実父の戦友だった張又侠氏の子飼いだ。また技術畑出身であることから習近平氏が目指す「技術」による富国強兵の具現者でもある。「勝てる軍隊改革」の中心部でキャリアを積んできた申し子だ。

その李尚福氏が新国防大臣に着任したことが、有事前提の人事だと言えるだろう。

新人事を発表した直後の2022年11月9日、習近平国家主席は「戦える軍」の象徴で

人民解放軍の組織図

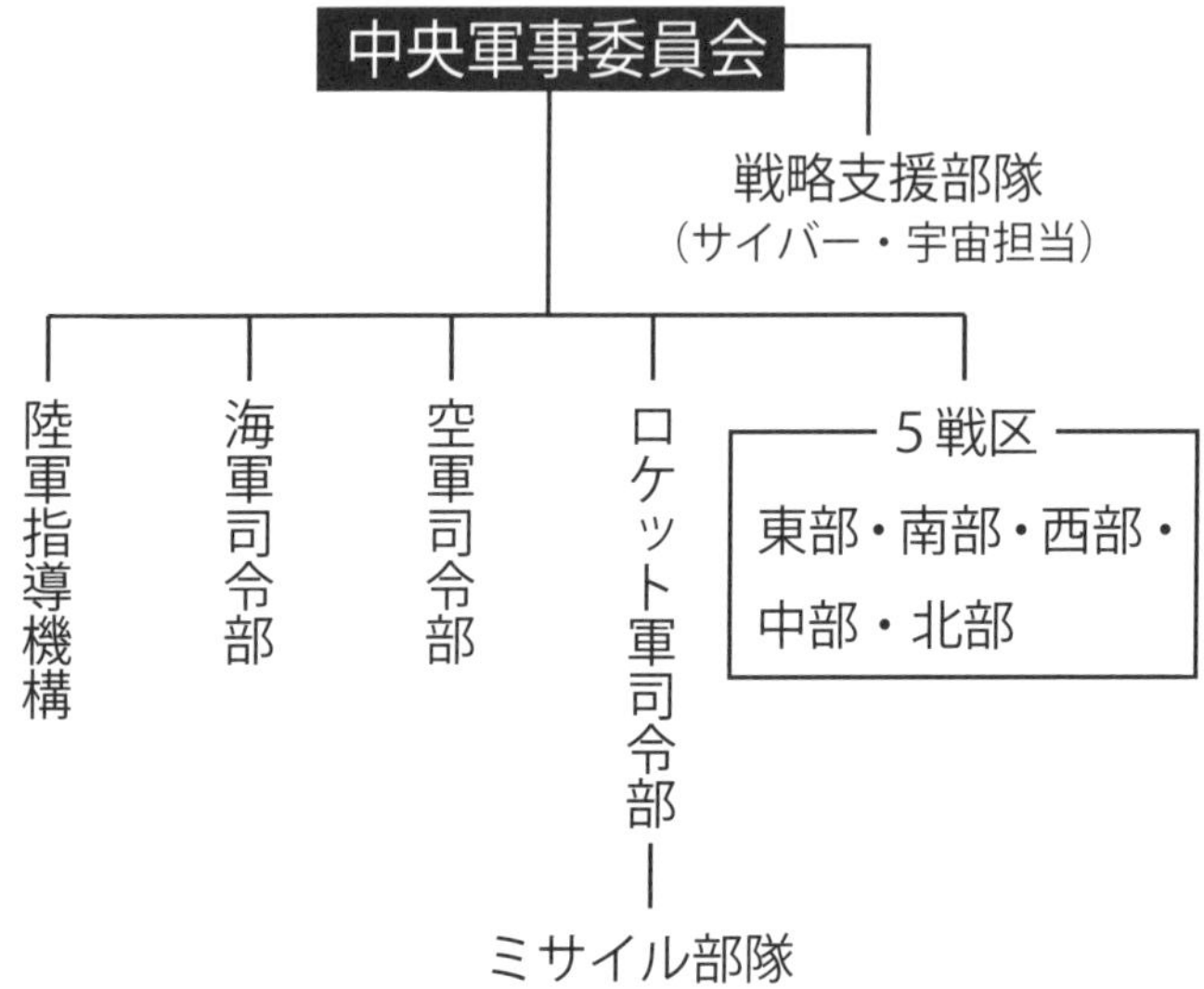

中央軍事委員会入りした李尚福氏は戦略支援部隊出身

国防省就任か

ある「統合作戦指揮センター」を視察し、その理由をこう述べた。

「戦争の準備を強化する決意と態度を表明するためだ」

その上で、こう強調したのである。

「戦って必ず勝利する戦略的な指揮機構の建設へ努力しなければならない」

次ページの写真「統合作戦指揮センターを迷彩服で視察した習近平」にあるように、スーツや人民服ではなく「迷彩服」を着用しながら軍改革の象徴でもある最重要施設の統合作戦指揮センターを訪れたことには強いメッセージ性がある。

国内外に向けて「現在が戦時である」ことを示しながら、人民解放軍の掌握者は政治家にして、最高指揮官でもある「自分」だ、ということを伝えているのだ。

習近平以前には「党の軍隊」だった人民解放軍は、習近平氏の改革を通じて「戦争に勝つことができる習近平の私設軍」になったということだ。

その「人民解放軍」が向かう先が、台湾・日本だ。解説を通じて「これから、台湾については、何としてもやる」という習近平国家主席の意図を理解できたのではないだろうか。

統合作戦指揮センターを迷彩服で視察した習近平

（中国国営「新華社通信」より）

侵攻のXデー

2022年秋から各メディアは「防衛力強化」についての世論調査を実施。全体的に概ね7割の人が「防衛力強化」に「賛成」している。とはいえ、中国が本気で侵攻を実施するという危機感が日本人全体に共有されてはいない印象だ。

「まさかやるとは思わない」そう信じている人が大半なのではないか。

対して2022年秋からアメリカは、侵攻の具体的時期を続々と公言している。

2022年10月、アメリカ海軍のマイケル・ギルディ作戦部長は中国が2023年までに台湾侵攻を実行する可能性を排除できないと言及した。また同時期にはアントニー・ブリンケン国務長官が、

「中国は以前に比べてかなり早い時間軸で（台湾の）再統一を目指すと決意した」

との見方を示す。

米軍制服組トップのミリー統合参謀本部議長は、中国が2023年までに台湾侵攻能力の取得を目指していると繰り返し公言している。

2023年に入っても、アメリカ政府系機関、要人発の中国による「台湾侵攻」についてのニュースが続々と報じられている。

2023年1月27日にはアメリカNBCテレビが、アメリカ空軍航空機動司令部、マイク・ミニハン司令官が送ったメモがSNS上に流出したことを報道した。

日本では「メモ」として報じられることが多かったが、正式には「メモランダム」で、日本での「メモ」とは重みが違う。「正式な通達書」、あるいは「指示書」だ。78ページ「ミニハン通達書」を見ればわかるように、サインが署名されているのはそのためである。

ミニハン司令官は2013年から太平洋地域で軍歴を重ね、2019年9月からインド太平洋軍副司令官を務めていた人物だ。その時の司令官が2021年にアメリカ議会公聴会で、

「2027年までに、中国が台湾を侵攻する可能性がある」

と発言したフィリップ・デービッドソン氏だ。ミニハン氏も同様に中国事情に極めて詳しい。

80ページに「ミニハン通達書（和訳）」を掲載した。米軍内の専門用語についての解説は割愛するが、重要なのは、

「私は私が間違っていることを願っています。私の直感では、2025年に戦うことになると思う」

と、有事を前提としている点だ。毎日新聞は2023年1月29日に、『米高官「25年に軍事衝突」』というタイトルで「ミニハン通達書」の一件を配信した。記事中では〈具体性に乏しく、部隊に緊張感を持たせるのが狙い〉と矮小化されているが、私はこの見解に否定的だ。

まずは82ページの図「西太平洋における1999年時点の米中戦力」と83ページの図「西太平洋における2025年時点の米中戦力」を見ていただきたい。図の左側が中国、右側がアメリカである。2025年時点で中国軍の戦力が拡充し、米軍と拮抗しているのかがわかるだろう。

この状況で有事が起こるとアメリカは西海岸から戦力を輸送しなければならない。そのロジスティックスの一翼を担うのが、ミニハン氏が司令官を務める「アメリカ空軍航空機動司令部」だ。

また毎日報道では「具体性に乏しい」とあるが、防衛についてある程度の知識を持っていれば、この役職の人物が「有事前提の訓練と準備」を指示したことが「具体性そのも

6. FEBRUARY.

(a) All AMC aligned personnel with weapons qualifications will fire a clip into a 7-meter target with the full understanding that unrepentant lethality matters most. Aim for the head.

(b) All AMC personnel will update vRED.

(c) All commanders will acknowledge this order directly to me immediately. Then, report all 2022 accomplishments preparing for the China fight, and forecast major efforts in 2023 through command chains by COB 28 February 2023.

7. MARCH (Projected).

(a) All units will report progress toward established OT&E requirements for INDOPACOM Operations discussed and reviewed at Fall PHOENIX Rally.

(b) All AMC personnel will consider their personal affairs and whether a visit should be scheduled with their servicing base legal office to ensure they are legally ready and prepared.

(c) KC-135 units will coordinate to provide a conceptual means of air delivering 100 off-the-shelf size and type UAVs from a single aircraft.

8. APRIL (Projected).

(a) All units will report their integration and operation plans for MOBILITY GUARDIAN 2023 to include all events (lead-in and concurrent) they wish to include for credit.

9. ADMIN. AMC/A3 will formalize these orders in FRAGO format. Completion, progress, reporting, reporting format, and advancement will be measured, driven, and collected by our AMC/A3 Team through ARC, NAF and EC leadership.

LET'S GO!

MICHAEL A. MINIHAN
General, USAF
Commander

Attachment:
AMC OT&E Slide (Fall PHOENIX Rally 2022)

DEPARTMENT OF THE AIR FORCE
HEADQUARTERS AIR MOBILITY COMMAND

1 February 2023

MEMORANDUM FOR 18 AF/CC, EC/CC, 22 AF/CC,
4 AF/CC, 618 AOC/CC,
ALL AMC WING COMMANDERS

FROM: AMC/CC

SUBJECT: February 2023 Orders in Preparation for – The Next Fight

1. SITUATION. I hope I am wrong. My gut tells me we will fight in 2025. Xi secured his third term and set his war council in October 2022. Taiwan's presidential elections are in 2024 and will offer Xi a reason. United States' presidential elections are in 2024 and will offer Xi a distracted America. Xi's team, reason, and opportunity are all aligned for 2025. We spent 2022 setting the foundation for victory. We will spend 2023 in crisp operational motion building on that foundation. If you want to know what the operational motion I demand looks like, look at what Total Force Team Charleston did in January.

2. COMMANDER'S INTENT. Go faster. Drive readiness, integration, and agility for ourselves and the Joint Force to **deter**, and if required, **defeat** China. This is the first of 8 monthly directives from me. You need to know I alone own the pen on these orders. My expectations are high, and these orders are not up for negotiation. Follow them. I will be tough, fair, and loving in my approach to secure victory.

3. END STATE. A fortified, ready, integrated, and agile Joint Force Maneuver Team ready to fight and win inside the first island chain. Maximize the use of the force and the tools we currently have and extract full value from things that currently exist. Close the gaps: C2, navigation, maneuver under attack, and tempo.

4. RISK. Run deliberately, not recklessly. You will be governed by the principle of calculated training risk, which you shall interpret to mean the avoidance of death, serious injury, and Class A damage to attain higher readiness, integration, and agility. If the Tactic, Technique, and Procedure you are developing increases AMC's ability to fight and win inside the first island chain ... move out. If you are comfortable in your approach to training, then you are not taking enough risk.

5. OT&E. Attached are our OT&E efforts from 2022 Fall PHOENIX Rally, which will guide our preparation but are not intended to limit creativity of approach. This is not an all-encompassing list. I expect you to move out briskly on the monthly tasks, anticipate the projected tasks and weave them eloquently into your units' training and operational battle rhythms.

月のタスクを快調に進め、予測されるタスクを予測し、ユニットの訓練と作戦戦闘のリズムに雄弁に織り込んでいくことを期待します。

6. 2月

(a) 武器の資格を持つAMC所属の隊員は全員、容赦ない殺傷力が最も重要であることを十分に理解した上で、7メートルの標的に向かって弾丸を発射せよ。頭を狙え。

(b) AMCの全職員はvREDを更新する。

(c)全司令官はこの命令を直ちに私に直接承認せよ。そして、2023年2月28日のCOBまでに、中国戦に向けた2022年の全成果と、2023年の主要な取り組みの見通しを指揮系統を通じて報告せよ。

7. 3月(予定)

(a) すべての部隊は、秋のフェニックス・ラリーで議論・検討されたINDOPACOM作戦のための確立されたOT&E要件に対する進捗を報告する。

(b) すべてのAMC要員は、法的な準備と心構えができていることを確認するために、自分の個人的な事柄と、所属する基地の法務局への訪問を予定すべきかどうかを検討する。

(c) KC-135ユニットは、100機の既製サイズとタイプのUAVを1機から空輸する概念的手段を提供するために調整する。

8. 4月(予想)

(a) すべての部隊は、MOBILITY GUARDIAN 2023 の統合・運用計画を報告し、信用のために含めることを望むすべてのイベント(先行および同時進行)を含めるものとする。

9. ADMIN. AMC/A3 は、これらの命令を FRAGO 形式で正式化する。完了、進捗、報告、報告形式、進歩は、ARC、NAF、ECのリーダーシップを通じて、AMC/A3チームが測定、推進、収集します。

LET'S GO!

添付ファイル AMC OT&Eスライド(2022年秋季PHOENIXラリー)

「ミニハン通達書」（和訳）

From　航空機動軍団／大将

件名 2023年2月号「次の戦い」に向けての指令について

1. 状況　**私は私が間違っていることを願っています。私の直感では、2025年に戦うことになる**と思う。習近平は3期目を確保し、2022年10月に軍議を設定した。台湾の総統選挙は2024年であり、習近平に（侵攻の）理由を提供することになる。アメリカの総統選挙は2024年であり、習近平に気の抜けたアメリカを提供することになる。**習近平のチーム、理由、機会がすべて2025年に向けて整列している**。2022年は勝利のための土台作りに費やした。2023年は、その土台の上に、メリハリのある作戦行動で過ごすことになる。私が要求する作戦行動がどのようなものかを知りたければ、総力戦チーム・チャールストンが1月に行ったことを見てほしい。

2. 指揮官の意図　より速く、中国を抑止し、必要であれば打倒するために、我々自身と統合軍の即応性、統合性、敏捷性を促進する。これは、私からの8つの月例指令の最初のものである。これらの指令のペンは私一人が握っていることを知る必要がある。私の期待は高く、これらの命令は交渉の対象にはならない。従ってください。私は勝利を得るため、厳しく、公平で、愛情を持って対応する。

3. 最終状態　第一列島線の内側で戦い、勝利する準備が整った、要塞化され、準備の整った、統合され、機敏な統合軍機動部隊。現在ある戦力と道具を最大限に活用し、現在あるものから最大限の価値を引き出す。ギャップを埋める。C2、ナビゲーション、攻撃時の機動、そしてテンポ。

4. リスク　　無謀にではなく、意図的に走れ。より高い即応性、統合性、敏捷性を達成するために、死亡、重傷、クラスAの損害を回避することを意味すると解釈してください。もし、あなたが開発している戦術、技術、手順が、第一列島線の内側で戦い、勝利するためのAMCの能力を高めるものであるなら……退去せよ。もし、あなたが訓練へのアプローチに満足しているのであれば、十分なリスクを取っていないことになります。

5. OT&E　　2022年秋のPHOENIX RallyでのOT&Eの取り組みを添付しますが、これは準備の指針となるもので、アプローチの創造性を制限するものではありません。これはすべてを網羅したリストではありません。毎

西太平洋における1999年時点の米中戦力

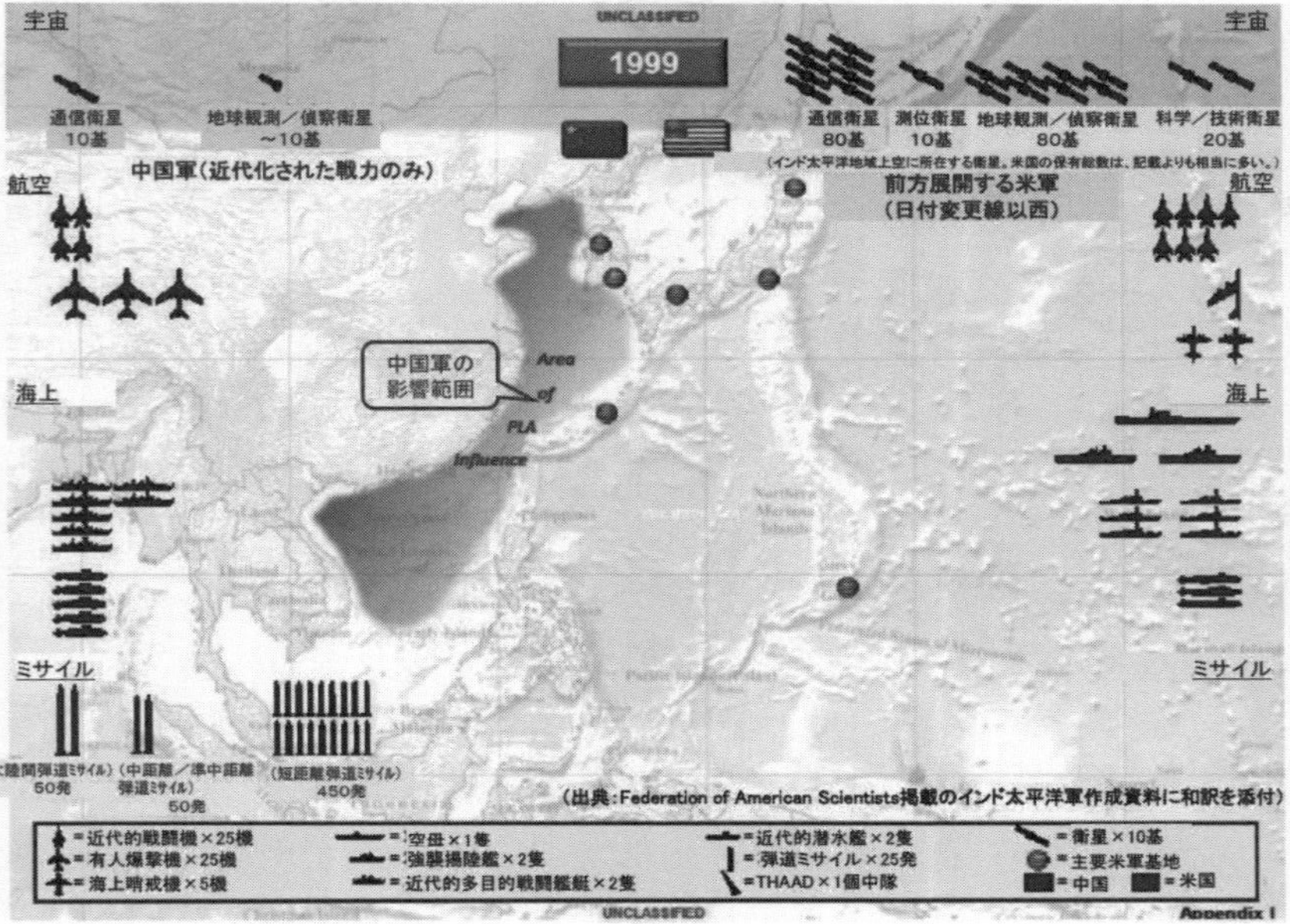

西太平洋における2025年時点の米中戦力

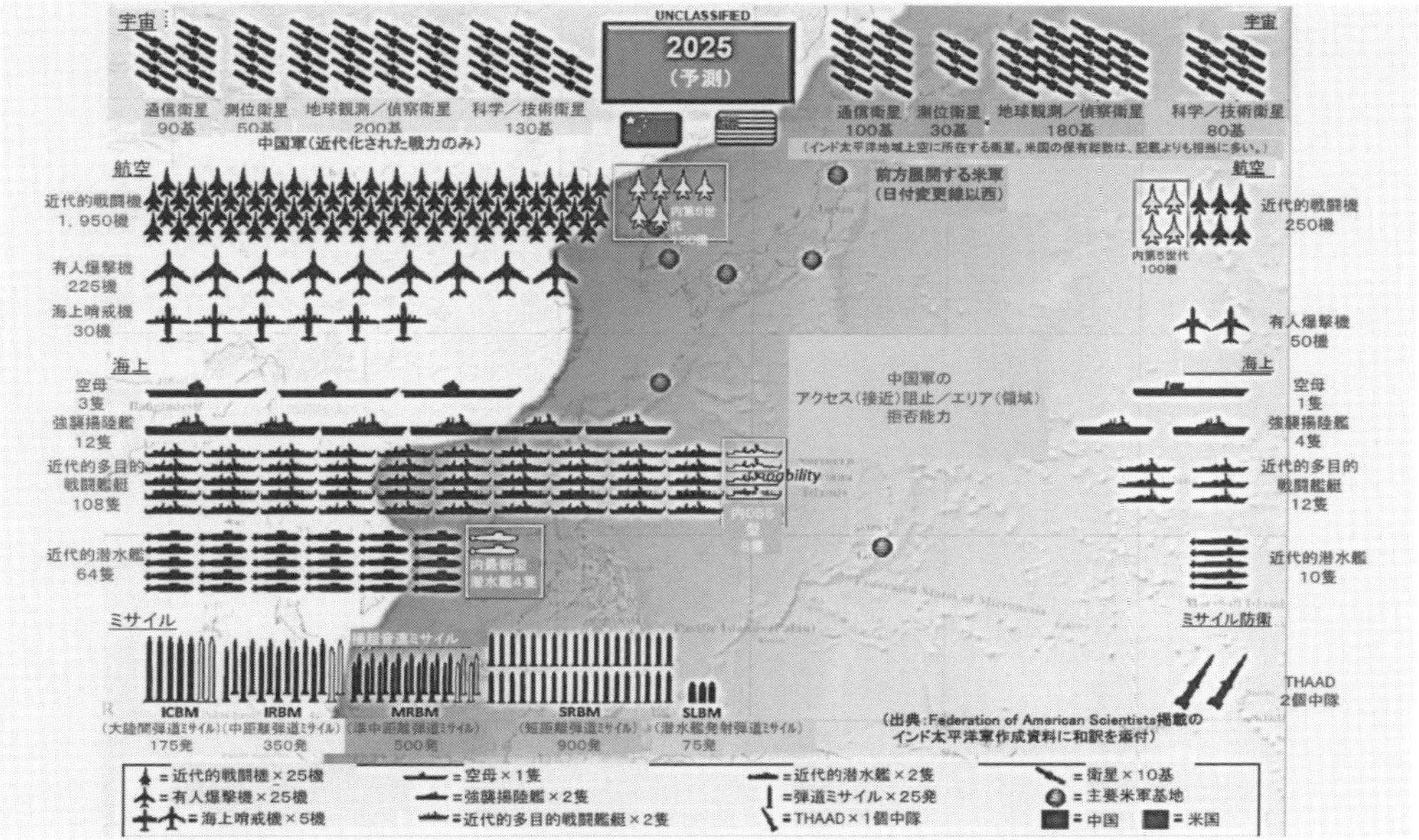

の」である。

また、ミニハン通達書には、

「習近平は3期目を確保し、2022年10月に軍議を設定した。台湾の総統選挙は2024年であり、習近平に（侵攻の）理由を提供することになる。アメリカの総統選挙は2024年であり、習近平に気の抜けたアメリカを提供することになる。習近平のチーム、理由、機会がすべて2025年に向けて整列している」

とある。

前述のリープフロッグで明らかにしたように、「すき間」を狙うのが中国の国家戦略の性格だ。次項で解説するが、この国家戦略は侵攻にも応用されると考えるべきである。現在のアメリカの政治状況を併せて考えれば、ミニハン通達書は相当「具体的で根拠が明確」だ。

アメリカ発のXデー情報で、最も異質なのが2023年2月2日に行われた、CIA長官のウィリアム・ジョセフ・バーンズ氏の発言だ。講演でバーンズ氏は、諜報活動などで得られたインテリジェンスの情報として、中国の習近平国家主席が、

「2027年までに台湾侵攻を成功させるための準備を行うよう軍に指示していることを

把握している」

「これは習主席が2027年や、ほかの年に台湾を侵攻すると決断したということではない。ただ、習主席の関心や野心が、いかに真剣かを示すものだ。彼の野心をみくびるべきではない」

と強調した。

極秘で行われる諜報活動の内容を、CIA長官自身がコメントしたことは異例中の異例だ。前例のない異様性は、すでにアメリカが「有事が起きるか起きないか」ではなく、「いつ起きるのか」を考えて準備をしている証左と言えるだろう。

さらにこれを補強するのが2023年3月8日に、アブリル・ヘインズ国家情報長官が公表した年次報告書だ。報告書は、

「中国は台湾有事で2027年までに、米介入抑止の軍事態勢を取ろうとしている」

と、警告している。

政治、世論の「すき間」を狙う中国

アメリカの有事想定は2023年・2025年・2027年と統一していない。台湾は島国ということで武力行使には特殊な戦力が必要になる。その整備のタイムスケジュールを逆算すると、最も可能性が高いのは2027年だ。

とはいえその他の説がそれなりの説得力を持つ背景は、中国の国家戦略にある。中国は敵国の政治状況、世論などを恒常的に観察し、分析していて、相手の「すき間」を狙うことを国家戦略としているからだ。

2020年のアメリカ大統領選ではジョー・バイデン大統領とドナルド・トランプ前大統領が戦ったが、両者の得票率はバイデン氏51・3%に対して、トランプ氏46・8%とほぼ拮抗した。

アメリカの世論は分断しているということだ。

そのことは2022年の中間選挙結果でも明らかだ。上院では民主党51議席に対して共和党49議席と民主党が辛くも勝利した。しかし下院では民主党213議席に対して共和党

222議席と共和党が勝利。

上院と下院で「ねじれ」が生まれたことは、まさに「分断」である。

米中戦争が勃発した時、世論が賛成で固まり国家一丸となって挑んでくることが、中国が最も望まない状況だ。2024年末に行われる大統領選挙でアメリカの国内世論が「分断」し、混乱すれば、その「すき間」を中国は狙う。また政権交代による「混乱」も中国の望む状況だ。

その2024年年明けには、台湾総統選が行われる。明確には区分けできないものの、現在の与党・民進党は「台湾独立」を掲げ、野党・国民党は親中派議員が多い。

2020年台湾総統選では事前に民進党・蔡英文総統の圧倒的不利が伝えられていた。ところが中国による香港の一国二制度が廃止され、香港市民が弾圧されたことが「独立」の世論に大きく寄与。蔡英文総統が圧勝する結果となった。

しかし、2022年11月26日の統一地方選挙で民進党は敗北し、蔡英文総統が民進党主席を辞任する事態になる。この統一地方選はアメリカの「中間選挙」に相当することから、2024年の総統選で国民党候補が勝利するのでは、という予測が強くなっているのだ。

そうなれば中国は武力侵攻をしなくても台湾を手中に収めるための各種工作がしやすく

なる。いずれにせよ「総統選」で台湾の国内世論が分断し、混乱することは避けられない。

議会制民主主義にとって選挙は絶対的に必要な制度だが、選挙は世論分断を加速化させる効果を持っている。中国は、そのギャップを狙うのだ。現在のアメリカ、台湾の状況から考えて、選挙後の2025年説が説得力を持つのである。

後で詳述するが、中国は軍事面でも「すき間」を狙うことを国家戦略にしているのだ。2023年2月にアメリカが撃墜した中国の偵察気球も「すき間」を利用している。

重要なのは、中国が日本人をつぶさに観察している点だ。

第二次安倍政権が約7年8カ月もの長期政権維持に努めたのも、中国に対する抑止力が大きい。外交・安全保障を知悉する安倍元総理がトップを務める安定政権は、中国にとって好ましくない状況だからだ。

繰り返すが中国は日本の皆さん一人一人の思考をよく見ている。すでに皆さんは、戦争のフロントラインに立っているのだ。

問われるのは中国に攻めさせないという日本人の覚悟だと私は考えている。次章で解説するロシアによる「ウクライナ侵攻」は、そのことを示している。

第2章

ウクライナが伝える「複合危機」の脅威

今日のウクライナを明日の日本にしてはならない

ロシアによるウクライナ侵攻は、国際社会の「安全保障の在り方」に多くの問題点を投げかけている。

最も大きな枠では国連安全保障体制の機能不全だ。

アメリカ、イギリス、フランス、ロシア、中国の国連安全保障理事会常任理事国はNPT（核不拡散条約）で核保有を認められた国である。常任理事国が大量破壊兵器を保有することで、世界の安全保障を維持しようという制度だ。

ところが2022年2月24日、ロシアが一方的にウクライナに侵略戦争を仕掛ける。2日後の同月26日に、国連安全保障理事会の会合が緊急に開かれ、ロシア軍の即時撤退などを求める決議案が採決にかけられた。

理事国15カ国のうち中国、インド、UAE（アラブ首長国連邦）は棄権し、議長国で常任理事国のロシアが拒否権を行使。決議案は否決された。

国連常任理事国が侵略戦争を行っても、国連は機能しないことが明らかになったのである。中国が侵略戦争を仕掛けても、同様の結果になるということだ。

重要なポイントはウクライナと日本の安全保障政策が極めて似ている点である。

1990年7月16日、ウクライナは主権宣言を最高会議で採択。

「将来において軍事ブロックに属さない中立国となり、核兵器を使用せず、生産せず、保有しないという非核三原則を堅持する国家」となることを明らかにした。

さらに1993年10月19日には、その政策に従って、「ウクライナ軍の主たる任務は国家防衛」と規定する規定軍事ドクトリンが発効された。

非核三原則を堅持し、軍は専ら防衛に限る、大規模侵略を想定せず――まさに日本同様の非核型専守防衛である。

その日本は、国連常任理事国の侵略リスクに晒されているのだ。今日のウクライナを明日の日本にしてはならない――ロシアによるウクライナ侵攻におけるウクライナの戦いは、日本の安全保障政策に大きく以下の3つの教訓を提示している。

①自国防衛力の強化

②連携ではなく同盟力の強化、同志国との連携強化

③他国は自国を守らない国には支援をしない

だ。

ウクライナ侵攻開戦当初のロシアとウクライナの戦力差は、実に10倍以上とみられていた（次ページ図「ウクライナとロシアの戦力比較」参照）。そのウクライナ軍は2023年現在、実に約1500キロにも及ぶ長大な戦線を維持し、ロシア軍に一歩も引かずに対抗。機を見て大攻勢を仕掛け、奪われた領土を奪還する場面もある。

そもそもなぜロシアはウクライナに侵攻したのか。また、2014年のロシアによるクリミア侵攻で、あっさりクリミア半島を奪われたウクライナが、なぜ現在のように戦えているのか——ウクライナを理解することは、現在の日本の安全保障の課題を理解することへの第一歩だ。

またウクライナを含めた東ヨーロッパの近代戦史を整理することで見えてくるのが、国際社会の不条理だ。核を保有し、資源・エネルギーを入手できる権威主義国は、自身の思惑に従って支配することができる。

明日の日本を今日のウクライナにしないためには、不条理のリアルを理解しなければならない。「力による現状変更」に蹂躙され続けた、東欧の流血の歴史を整理していこう。

ウクライナとロシアの戦力比較

ウクライナ		ロシア
20万人	総兵力	85万人
69機	戦闘機	772機
約2600両	戦車	約1万2500両
約59億ドル	軍事費	約617億ドル

<2020年〉

軍事情報サイト「グローバル・ファイヤーパワー」
ストックホルム国際平和研究所(SIPRI)より

21世紀欧州初の戦争を仕掛けた

1945年の第二次世界大戦終結後、世界はアメリカを中心とした自由主義陣営と、ソ連を中心とした社会主義陣営に分断されることになった。分断の最前線はヨーロッパでドイツを境界線に自由主義陣営が「西側」、社会主義陣営が「東側」と呼ばれる時代が訪れる。

米ソ両国は大量の「核兵器」を保有。どちらかが「核」を使用すれば人類全体に莫大なダメージを与える「核のホロコースト」が起こる。ということで、東西陣営は直接的な軍事衝突を避けながら「冷戦状態」を維持し続けたのである。

やがて東側は経済的に疲弊。1989年12月に、地中海のマルタ島で、当時のソ連書記長、ミハイル・ゴルバチョフ氏とアメリカ大統領、ジョージ・H・W・ブッシュ氏が会談し、冷戦の終結を宣言した。

以降、世界は「グローバリズム」に向かって再編されることになった。そのことで「東側」の解体が進んでいったのである。

1991年12月26日にはソ連が崩壊。1991年からのユーゴスラビアでの紛争によって、ユーゴは分割解体していった。2000年のブルドーザー革命（ユーゴスラビア）、03年のバラ革命（ジョージア）、04年のオレンジ革命（ウクライナ）、05年のチューリップ革命（キルギス）と続く。

2000年代の東欧圏の「脱ソ連化」すなわち民主化への転換は「カラー革命」と呼ばれている。ソ連がどれほどの領土を喪失したのかは、次ページ図「旧ソ連とロシア」を見れば理解できるだろう。

ロシアが旧ソ連時代の版図を続々と喪失する反対側で、版図を拡大していったのがEU（欧州連合）である。

1995年に結成したEUは、2004年にはキプロス、チェコ、エストニア、ハンガリー、ラトビア、リトアニア、マルタ、ポーランド、スロバキア、スロベニアが加盟。ロシアの影響力が強かった旧東側が続々と西側へと鞍替えしたのである。

EUはヨーロッパの経済同盟だが、安全保障機構であるNATOと「概ね」セットになっている。EUの東方拡大はNATOの東方拡大ということだ。ロシア側から見れば、自国の安全保障が脅かされる危機である。

旧ソ連とロシア

ドイツ
フィンランド
エストニア
ラトビア
ポーランド
リトアニア
ベラルーシ
ルーマニア
ウクライナ
モルドバ
ロシア
トルコ
グルジア
アルメニア
アゼルバイジャン
シリア
カザフスタン
ウズベキスタン
トルクメニスタン
イラク
キルギス
イラン
タジキスタン
クウェート
アフガニスタン

EUとロシアの衝突点となったのが当時、「グルジア」と呼ばれていたジョージアだ。それが2008年の「南オセチア紛争」、別名ロシア・ジョージア紛争だ。

2004年にグルジアでミヘイル・サアカシュヴィリ氏が大統領になった。サアカシュヴィリ政権はEU加盟を模索したが、そこに立ちはだかったのがEUの加盟基準「コペンハーゲン基準」だ。

1993年の欧州理事会で決定された加盟基準では、「候補国が以下を達成していることが必要」とされた。それは、

・民主主義、法の支配、人権、少数民族の尊重と保護を保証する制度の安定
・市場経済が機能しており、連合内の競争圧力や市場原理に対処する能力があること
・政治・経済・通貨統合の目的の遵守を含む、加盟国としての義務を果たす能力があること

である。

アメリカの姿勢と原油価格

当時のグルジアは、グルジア人と親ロシア派住民との間で対立が起こり、2008年夏頃には深刻な状態になった。しかもロシア軍が親ロシア派保護を目的に派遣されていたのだ。

この問題を解決し「安定」しなければ「コペンハーゲン基準」を満たせずEU加盟は望めない。EUに加盟しNATO加盟への道筋をつけさえすれば、ロシア軍を自国から追い出すことができる。そこでジョージアは、同年8月7日にロシア軍の駐留地に軍事攻撃を開始した。

ただしジョージアが先制攻撃を行ったかどうかは明らかになっていない。ジョージア側が、「先に手を出したのはロシアだ」と主張するように、ロシアが過度な挑発を行った可能性が強いからだ。

ジョージアによる軍事攻撃を待っていたかのように、ロシア軍は陸・海・空から猛攻撃を開始。同年8月14日に停戦した。そして、同月26日にはロシアのメドベージェフ大統領

（当時）が、南オセチアとアブハジアの独立を一方的に承認する（次々ページ図「ロシア・ジョージア戦争の構図」参照）。

後述するが「黒海」はロシアにとって核心的利益だ。ジョージアは、その「黒海」に面している。ジョージアのEU加盟とNATO加盟は、ロシアの安全保障・経済活動にとって死活問題だった。

世界の安全保障関係者の大勢が、21世紀初のヨーロッパで初めて起こった戦争「南オセチア紛争」を「ジョージアはロシアに陥れられた」と評価した。そして2023年現在、「南オセチア紛争」は、各国の防衛安全保障研究家の間で「ウクライナ侵攻」の原点とされている。ロシアがウクライナに侵攻した当初の目的は、ウクライナから虐待されている「新ロシア派住民の防衛」だが、「南オセチア紛争」も同様の構図だったからだ。

ロシアが武力行使を決断する要素は、相手国の状況だけではない。原油価格の高騰と、アメリカの姿勢をロシアは観察して踏み切るのが歴史のパターンだ。

資源・エネルギーの産出大国、ロシアにとって原油価格の高騰は黙っていても国力が上がっていくチャンスだ。「南オセチア紛争」時には、中国の急激な経済成長に伴うエネルギーの需給バランスの崩壊が発生。そこに2007年に顕在化したサブプライム住宅ローン危機による世界金融危機の影響で、金融緩和が重なった。

その結果、2007年11月、世界の原油価格の指標になるWTIが99ドル／バレルを瞬間的に突破し、史上最高値を付けたのである。

この時期、「世界の警察」アメリカは別の問題で揺れていた。

「イラクが大量破壊兵器を保有している」ことを理由に、2003年にジョージ・W・ブッシュ大統領（当時）はイラク戦争を開始したが、大量破壊兵器は発見されなかったばかりか、ねつ造であることが暴露。イラク戦争の責任を追及され、2006年の中間選挙で共和党が大敗し、ブッシュ政権はレームダック化してしまっていたのである。

ロシアの脅威を知悉しているウクライナとジョージアはEUとNATOへの加盟を求めていたが、開戦約4カ月前の2008年4月、ブッシュ氏は、

「ウクライナとジョージアのNATO加盟を全面的に支援する」

としていた。それに反対したのがドイツのアンゲラ・メルケル大統領（当時）と、フランスのニコラ・サルコジ大統領（当時）である。ドイツは第二次世界大戦の贖罪と経済、フランスは経済が理由だ。

「いずれ加盟を」

ロシア・ジョージア戦争の構図

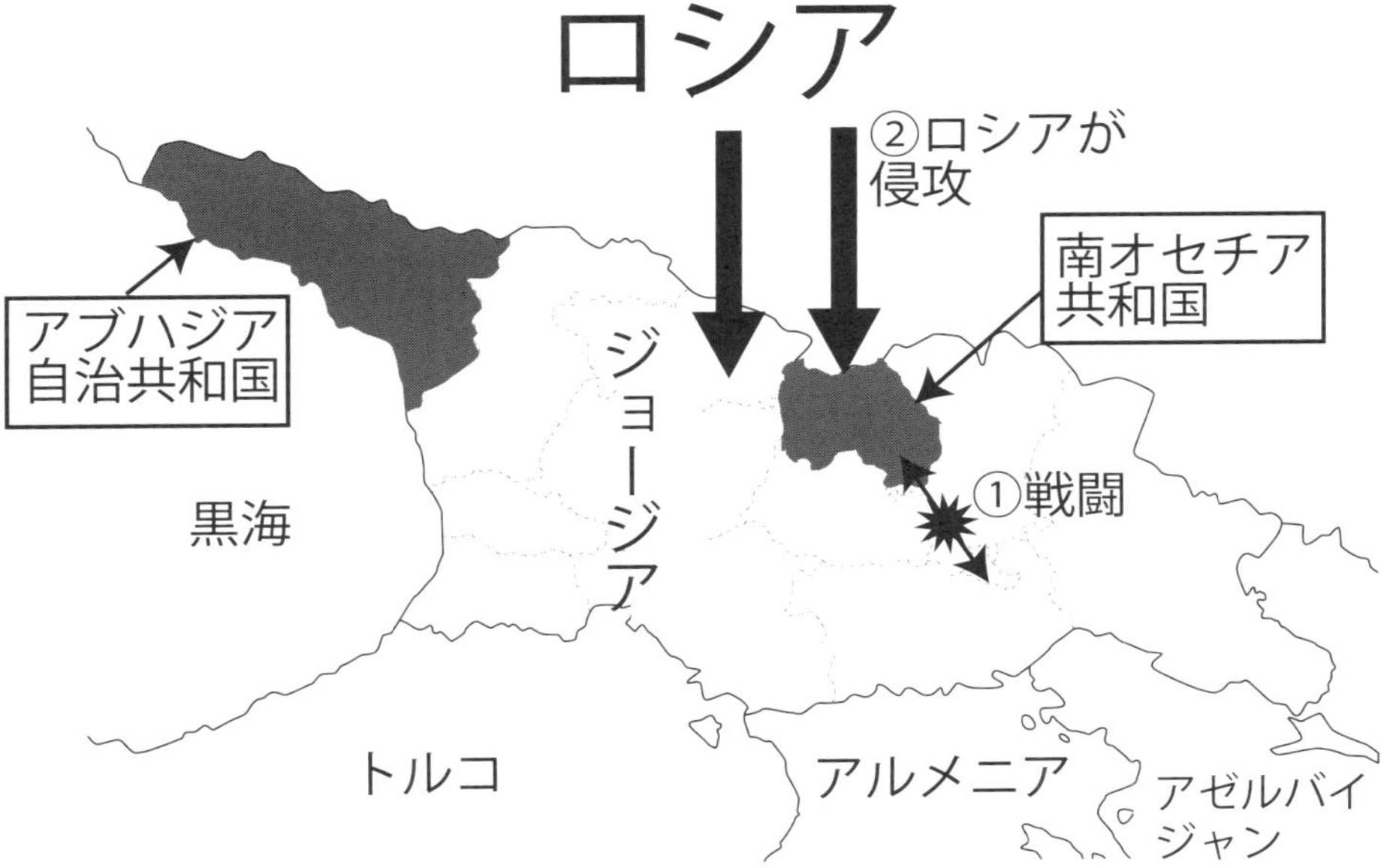

と先延ばしにするヨーロッパの盟主である独仏を説得できなかったのは、ブッシュ氏がレームダック化していたからである。

2008年大統領選挙で政権交代が起こり、翌2009年にはバラク・オバマ氏が大統領に就任した。ところが就任直後、オバマ氏は南オセチア紛争によって悪化したロシアとの関係を、「リセット」すると宣言したのである。

そして2009年3月7日、スイスのジュネーブで開かれた米ロ外相会談で、ヒラリー・クリントン国務長官（当時）が、「リセット」と書かれた赤いボタンの付いた装置をロシアのセルゲイ・ラブロフ外相に手渡し、同時に押すというパフォーマンスが行われた。

こうしてアメリカはロシアの蛮行を許してしまったのである。一歩譲れば三歩踏み込んで来る――中国やロシアといった覇権主義国の獰猛さを、その後、アメリカは知ることになる。

親ロシア派とクリミア半島

トピックをウクライナに移していく前に、抑えておかなければならないポイントが「親ロシア派」と「黒海とクリミア半島」についてである。

ロシア革命が起こったのは1917年のことだ。ロシアでは豊かな農民は「クラーク」（kulak）と呼ばれていた。階級闘争を行ったレーニンは、革命後、農村ブルジョア階級「クラーク」の撲滅を行う。

そのレーニンの後を継いだスターリンは「5カ年計画」を発表し、ソ連の工業化を推し進めた。クラークを共産主義経済の「敵」としたスターリンは、1929年12月27日に「階級としてのクラークの絶滅」を発表。翌1930年から1年間で180万人以上のクラークを強制移転した。

農業生産者の強制移転と計画経済に基づいた急速な工業化が併さったことで、ソ連邦の農業生産システムは崩壊。食糧不足解決のために、ソ連は連邦内の地方都市から食糧を強制接収。連邦内に深刻な飢饉が発生した。1929年から33年までの間に、飢饉、強制労働、処刑などにより約39万人～60万人が死亡したとされている。

ナチスさながらの民族浄化だ。

「親ロシア派」の土台になっているのは、この夥しい死者の代わりに、本国から補完させられたソ連人たちである。ソ連崩壊によって民族自決権を取り戻した住民が親ロシア派と衝突するのは、こうした歴史にある。

次に「クリミア半島」について整理していこう。

クリミア半島は「ロシア帝国」の歴史にとっても「特別な地」だ。

クリミア半島の流血の歴史は紀元前8世紀に遡る。騎馬遊牧民のスキタイ、ギリシア系ボスポロス王国が、ローマ帝国から、ゲルマン民族移動期のゴート族、さらにフン人と続き6〜10世紀には遊牧国家、ハザール＝カガン国が支配した。

13世紀にモンゴル帝国の大遠征が行われキプチャク＝ハン国が支配するも、14世紀の弱体化に伴って分権。15世紀にタータル人のクリム＝ハン国が成立するが、オスマン帝国の保護下にとなる。

その後、アゾフ海も含めた黒海沿岸はオスマン帝国の要塞が建築されるが、ロシアが狙ったのはドン川河口の港町、アゾフ（次ページ上図「アゾフの位置」参照）だった。

ヨーロッパまで支配域にしていたオスマン帝国が衰退したことで、域内国家が独立に向かう。さらにロシア帝国は南下し、オーストリア＝ハンガリー帝国がそれに対抗。さまざまなパワーがバルカン半島を舞台にぶつかり合ったことで、バルカン半島は「ヨーロッパの火薬庫」と呼ばれるようになった。

アゾフの位置

(「Googleマップ」を元に加工)

クリミア半島の支配史

紀元前8世紀	騎馬遊牧民のスキタイ
↓	ギリシア系のボスポロス王国
↓	ローマ帝国
↓	ゲルマン民族移動期によるゴート族
↓	フン人
6〜10世紀	遊牧国家・ハザール＝カガン国
13世紀中ごろ	モンゴル人のキプチャク＝ハン国
15世紀	クリム＝ハン国
1475年	オスマン帝国の保護下に
1696年	ピョートル大帝がアゾフを占領
1768年	クリミア半島を巡って第一次ロシア・トルコ戦争勃発
1787年	第二次ロシア・トルコ戦争勃発
1792年	ヤッシーの和約によってロシアがクリミアを併合
1954年	ソ連がクリミア半島をウクライナの管轄に

そして1768年と1787年にエカチェリーナ2世がオスマン帝国と2度戦争を行い、1792年にオスマン帝国を打ち破り、ロシアがクリミア半島を併合に成功する（前ページ下表「クリミア半島の支配史」参照）。

なぜウクライナ本土ではなく、クリミア半島を巡ってこれだけの戦争が起きるのか――その答えは「半島」という言葉に凝縮されている。

「クリミア半島」はロシアの核心的利益

まずは「海」の戦略的な価値から整理していきたい。

海に囲まれた日本では、その重要性を軽視する人が多いかも知れないが、海は最も安価で、最も高速に物流を運ぶ究極の流通路である。

航空便と船便の送料と速度を考えると、この点を疑問に思う人もいるだろう。だが、米軍の主力輸送機C－17の最大搭載量はたった約77トン。1回で輸送できるのは、主力戦車M1A1エイブラムス（約60トン）ならたった1両、歩兵を乗せて戦闘できる車両M2ブラッドレーでもたった3両、兵士にしても189人しか空輸することはできない。

対して米海軍の一般的な車両輸送艦、ボブ・ホープ級やワトソン級は、エイブラムス等の車両を1000両以上運ぶことができる。

マクロで考えた時の海の恩恵は、空や陸とは比較にならない。

大航海時代以降の歴史で海を持たない国が世界の覇権を握ったことがないのは、その象徴といえるだろう。ドイツのヒトラーは海を求めてフランスに侵攻し、旧ソ連は不凍港を求めて支配域を広げていったという解釈は決して間違いではない。

戦略的な観点から考えれば、広大な陸地は海の「おまけ」のようなものだ。「おまけ」が「おまけ」でないのは、陸地でしか生活できず物や食糧を生産できないからだ。

陸地で経済活動を行い、海で交易をする――これが最も理想的な国家運営の形ということになる。

その上で改めて「半島」について考えてみよう。

「半島」とは文字通り半分が陸地、半分が島という特殊な地形である。交易路の海と経済活動地の陸、両方のアクセスが可能という極めて特殊な土地ということだ。

次々ページ図「クリミア半島周辺図」を見ればわかるように、「クリミア半島」はアゾフ海と黒海、さらにその先の地中海へと連なる海の要衝だ。戦略的価値が極めて高いがゆえに、上述したように幾度となく争奪戦争が行われたのだ。

クリミア半島さえ手に入れれば、陸と海両方からウクライナの沿岸部に攻撃することができる。沿岸部を支配されれば、ウクライナの内陸地で生産された物を海から輸出することはできない。

ウクライナの支配のためにもロシア自身の安全保障や経済のためにも、クリミア半島は重要な要衝だ。

だからこそエカチェリーナ2世は、クリミア半島の北西に位置する「セヴァストポリ海軍基地」にロシアの黒海艦隊を設置したのである（次ページ図「クリミア半島周辺図」参照）。

黒海とクリミア半島はロシアにとって核心的利益ということだ。

スターリンの呪縛がクリミア半島を譲渡させた

第二次世界大戦中、クリミア半島はナチス・ドイツに占領され、戦後、ソ連のクリミア州となった。ところが１９５４年、ソ連はクリミア半島をウクライナに移管する。この重要拠点を、なぜウクライナに譲り渡したのか——その理由もスターリンにある。

クリミア半島周辺図

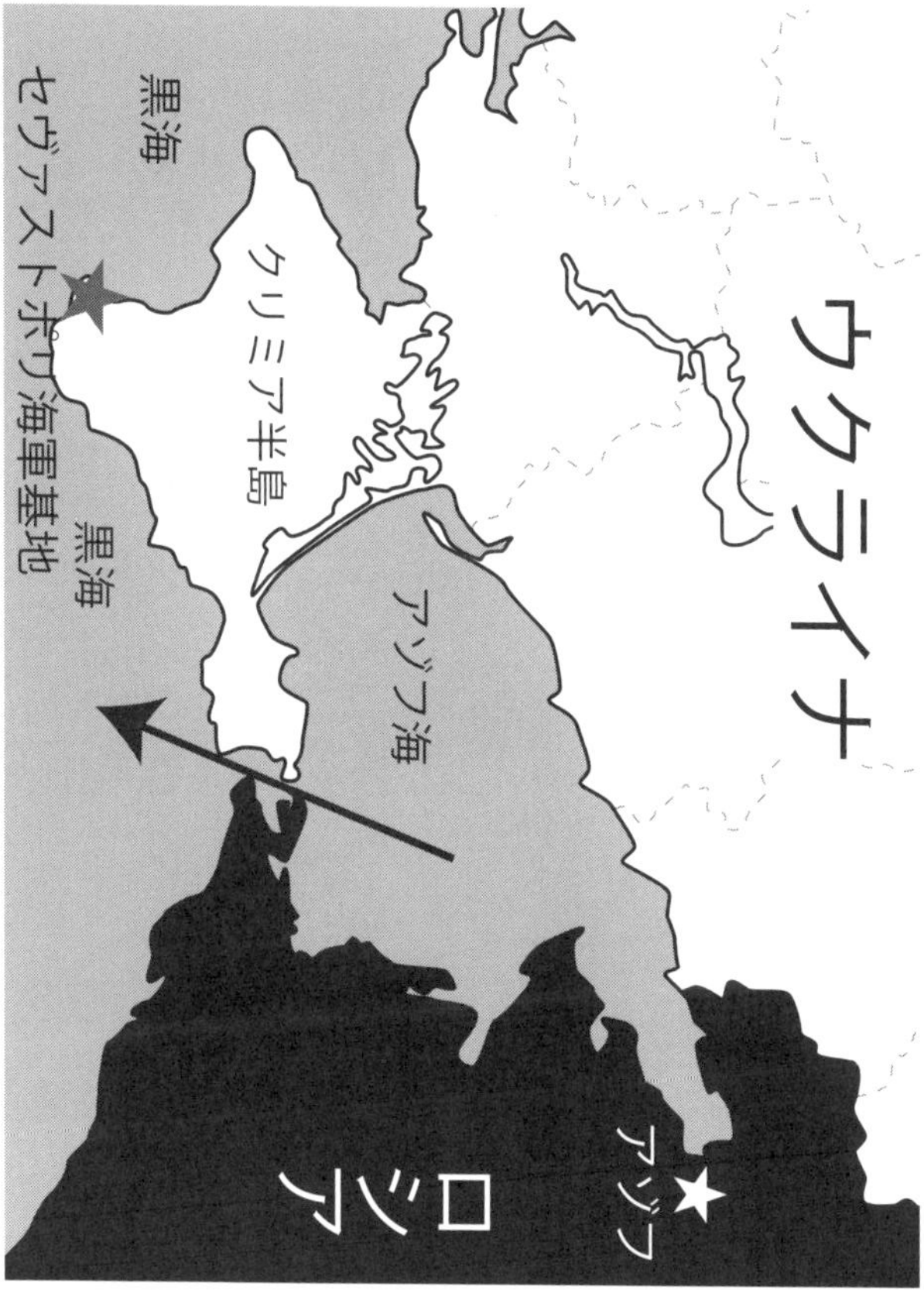

スターリンが富裕農民の「クラーク」を撲滅したこと、それによって、農業生産システムが崩壊したこと、現地人を大量虐殺した代わりにソ連人を入植させたことは前述した。

スターリンの政策によってクリミア半島でも先住民族は追放や虐殺され、大量のソ連人が移動させられる。そのことで生産システムは再生困難なほど崩壊し、入植したソ連人たちの不満が鬱積していった。

スターリンは1953年に死亡するが、その最晩年の1952年頃から、「クリミアのことはウクライナに任せた方がいいのではないか」という議論がソ連幹部の間で話し合われるようになる。

そしてスターリンの後を継いだゲオルギー・マレンコフ閣僚会議議長時代の1954年1月25日にソ連共産党中央委員会幹部会でクリミア州のウクライナ移譲が決定。同年2月19日にはソビエト連邦最高会議幹部会で議決された。

こうしてクリミア半島はウクライナの領土となり、ウクライナの手によって経済再生を果たしたのである。

ところがソ連人は「クリミア半島はソ連であり、移管は失政だ」と認識。ロシアになった現在でも、この認識は変わらない。

クリミア半島がウクライナに移管されても軍港のあるセヴァストポリは、ソ連の特別市となる。1991年にソ連が崩壊すると、ロシアはウクライナの対ロシア負債の一部免除を条件に、セヴァストポリ海軍基地の使用を貸借する。

その後、ウクライナやセヴァストポリはウクライナの政権が親ロ反欧・反ロ親欧と代わる度に揺れ動くことになる。

混乱を避けるために、以下、名前の後ろ側に「親ロ反欧」、「反ロ親欧」を付記する。

2004年、与党で親ロ反欧派のヴィクトル・ヤヌコーヴィチ氏と野党で反ロ親欧派のヴィクトル・ユーシチェンコ氏が大統領選を争う。

ヤヌコーヴィチ氏（親ロ反欧）が勝利したものの票数の不正操作を訴えた野党側が大規模抗議集会を組織。首都・キーウに政府側に抗議する数十万人の国民が集結し、やり直し選挙が行われた。

このオレンジ革命によって、2005年にユーシチェンコ氏（反ロ親欧）が大統領に就任。2017年のセヴァストポリ海軍基地の貸借契約期限で契約を更新しない方針を発表した。

ウクライナがEUとNATO加盟に向けて動いたが、独仏の拒否によって先延ばしにされたことは、前述した通りだ。

繰り返されたアメリカのミス

ところが2010年にヤヌコーヴィチ氏（親ロ反欧）が大統領に就任してロシアとの間に「ハリコフ合意」を締結する。この「ハリコフ合意」によって、軍港の貸借権は2042年まで延長され、ロシアがウクライナに貸借料として年間9800万ドルを支払い、ロシア産天然ガスの大幅割引が約束されることになった。

2012年ウクライナはEU加盟の前段階である連合協定に仮調印。ところが2013年、ヤヌコーヴィチ（親ロ反欧）はロシアの圧力も手伝って署名を見送り、ロシアが中心となる「ユーラシア経済連合」との関係強化を発表した。

そのことで2013年11月から政府抗議する「ユーロマイダン」が発生。「ユーロ」は「欧州」「マイダン」は「広場」という意味だが、2014年2月18日〜23日までに「ユーロマイダン革命」（ウクライナ騒乱）となり、ヤヌコーヴィチ氏（親ロ反欧）は失脚し、ロシアへと亡命した。

ロシアにとってはセヴァストポリ海軍基地を喪失する危機である。しかもこの時、ロシアには軍事オプションに踏み切る要因が揃っていた。

前述したように2013年6月7日に習近平国家主席が「太平洋米中分割構想」をオバマ氏にぶつけた。ところが、その約2カ月後の2013年8月21日にはシリア内戦で政府軍が化学兵器を使用した疑惑が持ち上がる。そして同年9月10日、オバマ大統領は演説でシリア問題に触れて、

「アメリカは世界の警察官ではない」

と断言したのだ。パックス・アメリカーナ終焉の瞬間である。

このメッセージをチャンスと受け取った大国が中国で、南沙諸島へ進出。野望実現に向かったもう1つの大国がロシアだ。

2013年にはリーマン・ショックに対する金融緩和の継続によって、世界中にマネーが溢れていた。一方でオバマ政権の軍事費カットによる軍縮の影響は中東にも及び、アラブ社会では2010年から「アラブの春」の革命が連鎖した。

2011年からは「リバランス」によって中東の軍事リソースを、太平洋方面に移動。2013年の中東はシリア内紛、イランの核開発問題、リビアなどの治安悪化が発生しカ

オスとなっていた。

この金融緩和と、エネルギー生産地の中東のリスク上昇で2013年末に向けて石油価格が高騰のトレンドに入ったのだ。

資源・エネルギー企業国家である「ロシア」は莫大な富を得た。しかも何をしてもアメリカは介入しないと、大統領が自ら宣言までしてくれたのだ。

こうして、2014年2月下旬に向けてロシアはクリミアに侵攻したのである。

すでに崩壊していたウクライナ軍

クリミア侵攻は、ロシア正規軍が侵攻する形ではなく、軍事と非軍事を組み合わせる「ハイブリッド戦」が行われた。2013年にロシアのゲラシモフ参謀総長が、「予測における科学の価値」という論文を発表。翌14年のクリミア侵攻では、その論文に基づいた軍事作戦が展開された。クリミア侵攻は、
①ネットを通じてデマが普及
②大量の民兵が侵攻し放送局などを制圧

③住民投票でロシア側が勝利

という流れで決着した。こうしてロシアはクリミアを手中に収めたのである。

正規軍による軍事力だけを使った占領ではなくサイバー空間、情報の武器化、民間軍事会社の活用など、軍事と非軍事をボーダレスに連動させたこの戦術を、2015年にIISS（英国際戦略研究所）は、「ハイブリッド戦術」と名づけたのである。

このクリミア侵攻は2014年2月26日に、親ロシア派民兵が、政府側住民と衝突したことから始まる。たった約3週間後の同年3月16日にはクリミア半島のロシア編入を決める住民投票が行われ、翌17日には独立を宣言。翌18日にはプーチン大統領が独立を承認し、21日にはロシアに編入した。

大規模な軍事衝突をすることもなく、ロシアはたった1カ月でクリミア半島を併合したということだ。

これはロシアによるハイブリッド戦術の秀逸性もさることながら、ウクライナ軍や行政が戦う体を成していなかったことが大きい。侵攻前年のウクライナ軍の国防費は対GDP比で1・58%と、2000年代で最低の水準だ（次ページ図「ウクライナの国防費（対GDP比）推移」参照）。

ウクライナの国防費（対GDP比）推移

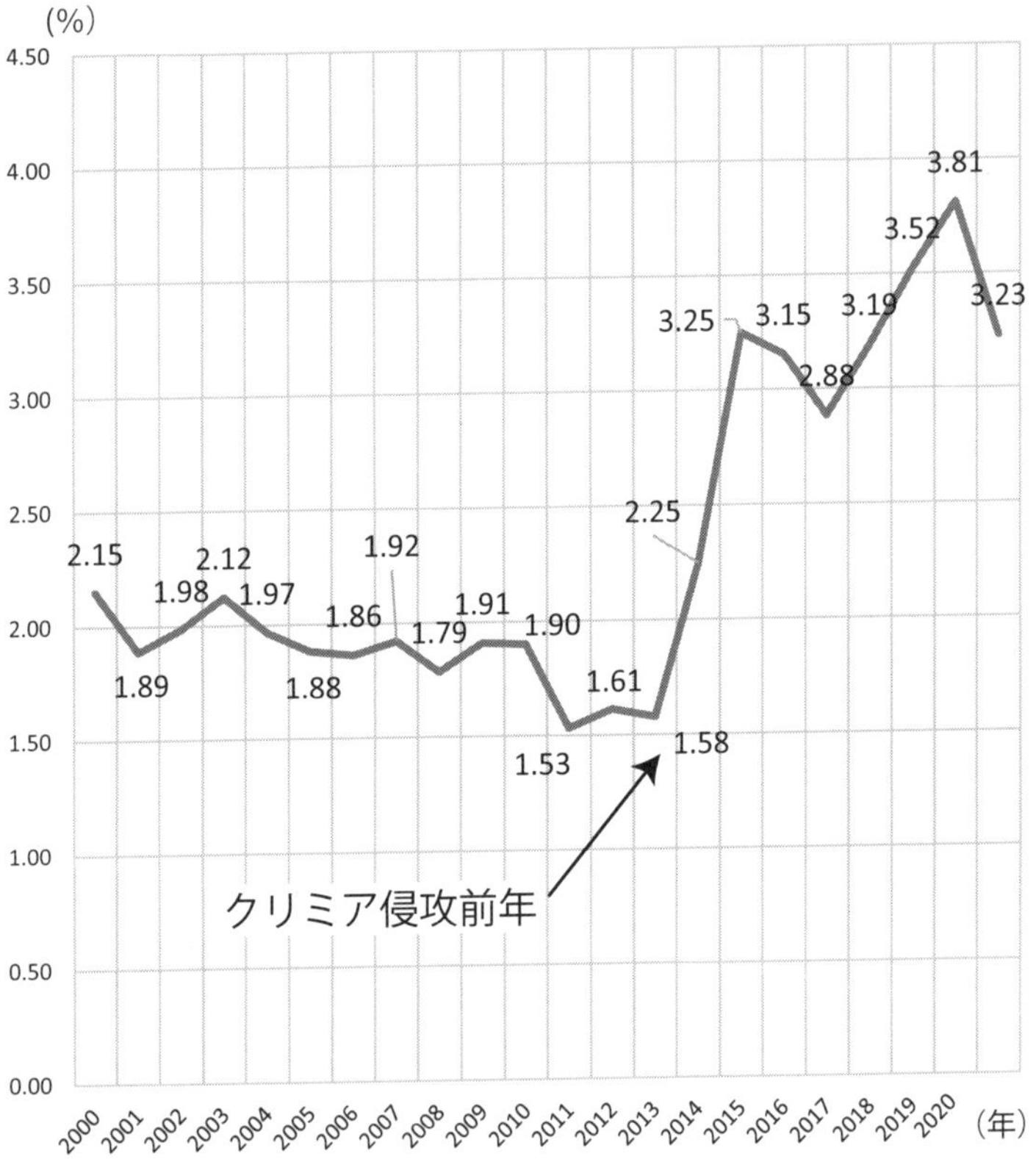

（世界銀行-ストックホルム国際平和研究所を基に加工）

しかも親ロ反欧のヤヌコーヴィチ時代を通じて、ウクライナの行政、軍は深刻な腐敗に汚染されていた。

当事者にインタビューして腐敗の実情をレポートしたのがサラ・チェイズ氏だ。米軍の最高幹部へのアドバイザーとして、アフガニスタンの国際軍司令官2人と統合参謀本部議長の特別顧問を務めた後、カーネギー国際平和財団に5年間在籍したジャーナリストである。

たった1隻を残して寝返ったウクライナ海軍

チェイズ氏による「腐敗はいかにして軍を蝕むか。ウクライナのケーススタディ」(原文「How Corruption Guts Militaries: The Ukraine Case Study」)と題されたレポートは、2014年5月16日アメリカの国防と国家安全保障のニュースを専門とする「Defense One」で配信された。

ウクライナ国防省の高官、レオニード・ポリアコフ氏の証言を基に、2012年のヤヌコーヴィチ政権(親ロ反欧)下の腐敗の現実を以下のように伝えている。

〈旧式の装備品を「不当に安い値段」で売りつけ、その見返りにキックバックを受け取った。幹部は国防省の土地を競売にかけたりもした。

キーウは徐々に、軍に自費負担を求め始め、上級将校に「軍隊の任務と矛盾する」ビジネスを強要し、汚職の道を開き始めた。

司令官たちは、「軍の装備、インフラ、そして人員を使って、個人の家を建てたり、アパートの修繕をしたりする」ようになった。調達詐欺が横行し、陸軍士官学校への入学や卒業、望ましい配属のための賄賂も横行した〉

ウクライナの工場が中国、エチオピア、カザフスタン、ロシアなどに高品質の製品を輸出する一方で、軍は慢性的な物資不足に陥る。

〈ヘリコプターや装甲車は燃料切れや部品不足で動かなくなり、クリミアの兵士は制服を返納して、ウクライナの月給200ドルの5倍ものロシア給与を約束された〉

この結果、2014年の親ロシア派地域でのウクライナ陸軍約1万4000人のうち、戦闘可能な人員はたった約6000人程度となった。空軍は45機のMig－29を保有していたものの、稼働できるのは4～6機。

最も驚くのは海軍だ。

ウクライナ海軍は、ロシア軍とセヴァストポリ海軍基地に駐留していたが、ほとんど抵抗することなくロシア軍に艦船を渡した。その結果、たった1隻を除いて、全艦船がロシアに鹵獲《ろかく》されたのである。

ロシア軍はセヴァストポリにウクライナ軍人用の登録所を設置。ロシア軍は日本円で約1万9000円の補償金を渡した後、ウクライナ軍を離れてロシア軍につくか、退役するかを選ばせた。

陸上から基地を抑えられたとはいえ、事実上の寝返りである。唯一残った1隻もたまたま洋上にいたからだ。

こうした腐敗は軍だけでなく行政全体にも及んでいた。そこにロシアは「アセット」を配給していった。アセット（資産）とはインテリジェンスで言うところの諜報員だが、この場合は、親ロシア工作員を指す。そうしたアセットはウクライナ行政・政治などに深く食い込み、内部からウクライナを瓦解させていったのである。

作戦開始から1カ月もしないうちにクリミア半島が実効支配されたのは、むしろ当然の状況だったということだ。

クリミア併合も覚めやらない、2014年4月にはウクライナ東部において親ロシア派武装勢力が蜂起し、ウクライナ軍と武力衝突。同年5月には「ドネツク人民共和国」と「ルガンスク人民共和国」独立を一方的に宣言した。

この両地域の親ロシア派住民を救援するための特別軍事作戦が「ウクライナ侵攻」だ。すでに火種は生まれていたのである。

ウクライナとドネツク、ルガンスク両陣営の戦闘は激化し内紛化。ウクライナは軍事費がないことからスコップさえ装備することができず、塹壕を手で掘るありさまだった。

クリミア半島の二の舞になりかねないということで、ロシアとウクライナの緊張感が高まった。そこで2014年9月にはOSCE（欧州安全保障協力機構）の支援の元、ウクライナ、ロシア、ドネツク人民共和国、ルガンスク人民共和国がドンバス地域における戦闘の停止について合意する、「ミンスク議定書」の調印が行われた。

ところがドンバスでの停戦に失敗。そこでドイツ・フランスの仲介の元、2015年2月に停戦・武装解除等の治安項目と東部被占領地域の特別な地位の付与等の政治項目から構成され、「ミンスク議定書」遵守を復活させる「ミンスク2」にウクライナ、ロシアが調印する。

しかしロシアは親ロシア派をバックアップし、ウクライナ東部で起こる散発的な戦闘は

「クリミア侵攻」のその日まで継続した。

ウクライナの国防改革

激動の2014年を経験して、ウクライナは国防、国家安全保障の急速な立て直しを実行した。ウクライナが国防を立て直したプロセスは、同じ専守防衛国である日本にとって大きな示唆を与えている。

法治国家では「法」が社会構成の基盤ということで、ウクライナは急ピッチで法整備を行った。

まず2014年、「国家安全保障の基本に関する法律」を改正。

・国家の優先事項はEU及びNATOへの加盟を目的とした欧州政治・経済司法へのウクライナの統合

・国家政策の基本的方向性は、NATOへの加盟に必要な条件達成を目的とした同機関との協力深化

として、EU、NATO加盟を「国是」であることを憲法に明記した。さらに翌201

5年9月には、新たな「軍事ドクトリン」を策定する。

クリミア占領やドネツク、ルガンスク地域におけるロシアの侵略という重大な軍事的脅威に直面しているとし、EU及びNATOへの加盟条件を満たすレベルまで国家安全保障システムを包括的に改革すること等を課題として掲げたのである。

国家安全保障改革で注目すべき点は「民兵組織」の育成だ。

ウクライナ東部での親ロシア派との戦闘には地元の民兵が加わっていた。アウトロー気質が強く獰猛で、ヤクザに地域の治安維持を任せているような状況だったのである。

そこでウクライナは法律を変え、民兵集団を結成し育成、「地域防衛隊」として国防省隷下に配属させた。

最も効果的だったのは法律で治安・防衛関連予算をGDPの5%確保を目標としたことだ。116ページに前掲した「ウクライナの国防費（対GDP比）推移」を見れば、その効果は明らかである。

クリミア半島を喪失し、ウクライナ東部もロシアに併合されかけた2014年から8年間、ウクライナは国防強化に努めた。その結果、10倍の戦力差を埋め、1500キロにわたる長大な戦線を維持し、ロシアと拮抗するようになったのである。

ロシアが武力行使に踏み切る3要素

２００８年の南オセチア戦争、２０１４年のクリミア危機ではアメリカの政治姿勢と資源・エネルギーの高騰が関係していることは前述した通りだ。

２０２２年のウクライナ侵攻も同様だ。

２０２０年３月、新型コロナウイルス感染拡大に伴う経済活動の停止の対策として、G7は未曽有の金融緩和を行う。国際規模で金融の流動性が停滞した時、実体経済に莫大な影響を与えることがリーマン・ショックで明らかになった。そこでドルを大量発行することで、金融の流動性維持に向かう金融政策が取られたのである。

出血点がわからないまま心肺停止状態になった人に、強制的に大量の輸血を行うことに似ているが、この反動で２０２１年からインフレが発生した。

そこに欧州やバイデン政権を中心とした過度なグリーン政策の推進で、グリーン投資が拡大。化石燃料への投資が激減し、資源・エネルギーの需給バランスが崩壊した。

資源・エネルギーの生産地である開発国はコロナ禍を脱出できない状況にもかかわらず、

ワクチン供給を積極的に行った先進国は経済活動を再開。前述したグリーン投資増大による化石燃料開発投資が減少したことも手伝って、資源・エネルギーの需給バランス崩壊が加速した。

結果、2022年に資源・エネルギー価格高騰が起こったのである。

そこに重なったのが、この前年の2021年8月30日のアメリカのアフガニスタンからの米軍完全撤退だ。

撤退について、バイデン大統領はアメリカのアフガニスタンでの任務はテロとの戦いであり、テロの温床を潰すことであると繰り返し主張していた。2021年8月17日の演説では、

「アフガニスタンでの（アメリカの）任務は国家の建設や中央集権的な民主主義の構築ではない」

として撤退を正当化しながら、

「アフガン軍自身が戦う意思のない戦争で、米軍が戦うことはできない」

と明言している。つまり、撤退を通じてアメリカは、

「自分の国を守るために戦わない軍隊と共に戦わないし、命をかけることはない」

ということを示してしまったのである。

現在のアメリカは内政重視で、「内政の延長上に外交がある」という姿勢だ。しかも、この姿勢に賛成しているのは、他ならない多くのアメリカ市民という状態を明らかにしてしまったのである。

開戦前のロシアとウクライナとの戦力差は10倍。そのウクライナの政治、行政にロシアは大量の工作員を送り込んでいた。

そのウクライナには軍事支援を行う同盟国が存在しないのだ。

侵攻後、物資や戦費の支援を求めても、EUの盟主であるドイツはグリーン政策推進国だ。工業大国でもあるドイツは、ロシアの安価で高品質なエネルギーなしには国が成り立たないほど、ロシアに依存していた。

ウクライナを助けるためにEUが結束するとは思えない。しかもバイデン大統領は「内向き」であることを明言したのだ。開戦前のプーチン大統領の頭の中には「勝利の方程式」以外なかったことは疑いようがない。

アメリカ・ロシア・原油価格の関係は次ページの図「原油価格・アメリカのミスとロシアの軍事力行使の関係」にまとめた。この3条件が揃った時には、注意が必要ということ

原油価格・アメリカのミスとロシアの軍事力行使の関係

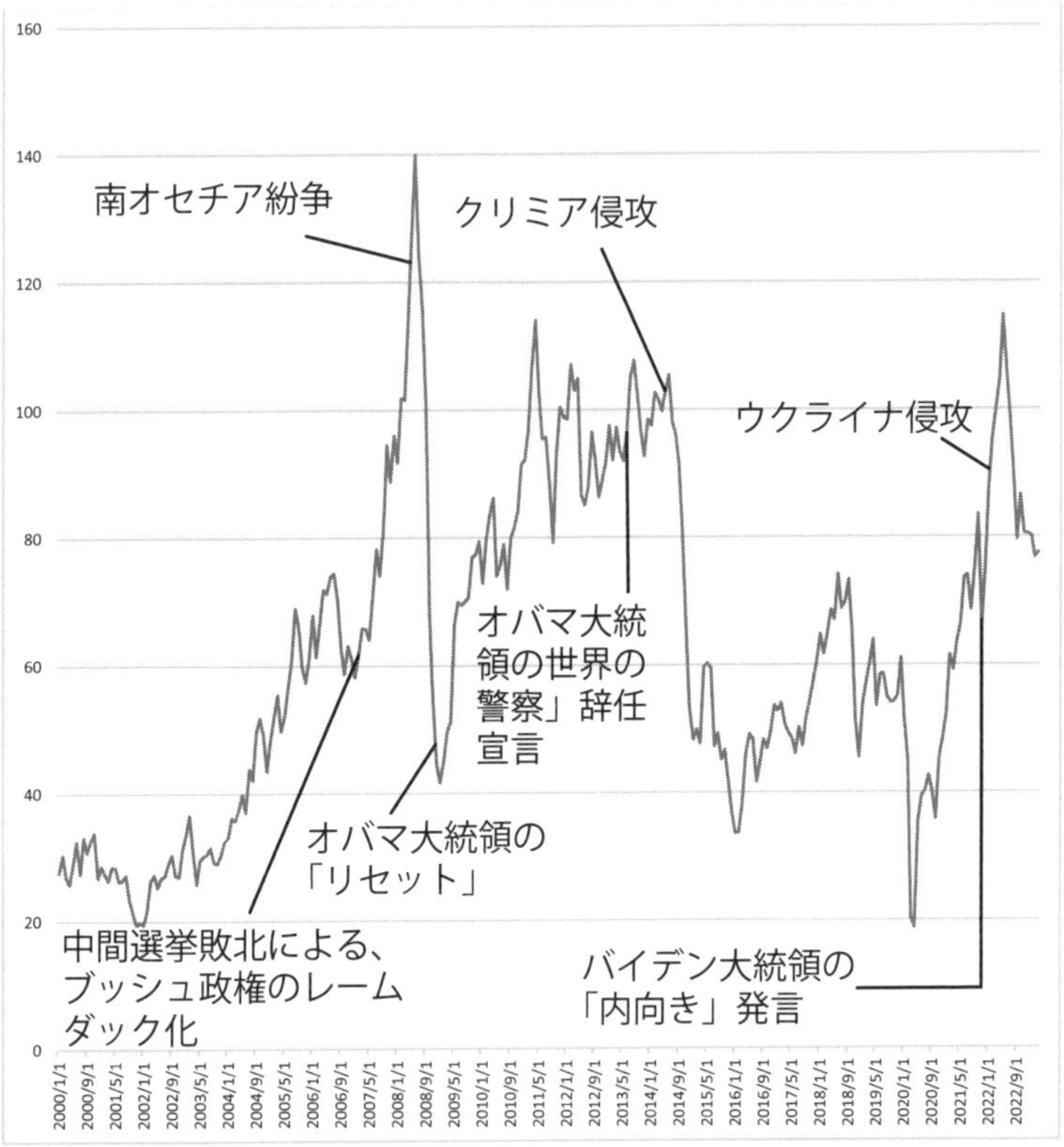

（原油価格はWTI先物指標）

だ。

演説の天才

前述したように開戦前からロシアはウクライナの政権内部に大量のアセットを浸透させていた。並行してサイバー攻撃も行っている。これらの攻防については、日本の安全保障整備のための極めて重要な教訓だ。

それらについては次章で詳説していく。

戦争が戦場だけで行われていないことを如実に示したのが、ウクライナのウォロディミル・ゼレンスキー大統領である。

開戦以来、国民を鼓舞し、ネットを通じて世界各国で演説を行い、各国の支援を引き出すことに成功した。

権威主義国家で政治の主体は「権力者」だが、民主主義国家における政治の主体は「有権者」で、政治家は民意を得なければ何もできない。

有権者に説明し、理解を得るという意味で政治は「言葉」だ。

ダークグリーンのシャツに無精ヒゲという戦場から、そのまま現れたような容貌。相手国の歴史を引用しながら、切々とウクライナの窮状を訴えるゼレンスキー演説は、聴衆の心を摑む。

ゼレンスキー大統領は「言葉」を武器に変えて、ロシアと戦っているのである。この「演説の天才」がいなければ、ウクライナはここまで戦うことはできなかっただろう。

その能力が発揮されたのが、2022年12月22日にゼレンスキー大統領が、アメリカのワシントンにある連邦議会で、上下両院の議員を前に行った演説である。

2022年11月8日の中間選挙に向けて、アメリカ、共和党内部にはウクライナ支援について懐疑的な意見を持つ議員が出始めていた。中間選挙で共和党が下院の多数派となったことで、ウクライナ支援が円滑に進まなくなる可能性が出てきたのである。

そのことは紛糾していた下院議長の選出にも影響を与えることになった。議長の筆頭候補だった共和党、ケビン・マッカーシー氏はウクライナ支援の継続を表明。そのことを含めて反対する共和党議員をまとめきれず、議長選出の投票が繰り返されていたのである。

そこでゼレンスキー大統領はクリスマス目前というタイミングで演説を行う。平和な時間の訪れを楽しみに待つアメリカ市民に向けて、こう語った。

ロシアの戦術はずさんです。彼らは目に入るものすべてを焼き払い、破壊しています。ロシアは、前線に凶悪犯や受刑者を送りました。彼らは私たちにあらゆる手段で攻撃をしてきました。

まるで、「バルジの戦い」のように。

1944年のクリスマスに、勇敢なアメリカ軍がヒトラーを退け、持ちこたえた時のように。今年のクリスマス、勇敢なウクライナ軍も、プーチンの軍隊に対して同様に戦っているのです。ウクライナは、持ちこたえていて、決して降伏することはありません。

私たちには武器があり、感謝しています。それは十分でしょうか？　正直なところ、十分ではありません。ロシア軍を退けるだけでなく、完全に撤退させるための拠点としてバフムトを守るためには、より多くの大砲と砲弾が必要です。それがあれば「サラトガの戦い」のように、バフムトをめぐる戦いは、独立と自由のための戦争の流れを変えることになるでしょう。

「バルジの戦い」とは1944年にアルデンヌ高地で行われた米軍を主力とした連合軍と

ナチス・ドイツとの戦いである。反撃に成功したドイツ軍を、アメリカ軍が莫大な犠牲を払って押し返した。また「サラトガの戦い」は1777年10月、アメリカ独立戦争の形勢を逆転させた、アメリカ軍の勝利した戦いである。

ウクライナの現状と、アメリカ戦史を重ね合わせながら、自分たちも勝利することをイメージさせた。

持続的支援を確実にした

さらに、ゼレンスキー大統領はこう続ける。

彼らをいま止めなければ、アメリカのほかの同盟国を攻撃してくるのは時間の問題です。私たちは止めなければいけません。協力関係にある私たちの間にタブーがあってはいけません。ウクライナは、アメリカの兵士に、私たちの土地で代わりに戦うように頼んだことはありません。ウクライナの兵士は、アメリカの戦車や航空機を自分たちで完璧に扱うことができます。

資金援助も非常に重要です。すでに私たちに提供された一連の資金援助と、今後決定されるであろうものについても、感謝します。皆さんの支援は慈善行為ではありません。私たちが最も責任ある方法で扱う、世界の安全保障と民主主義への投資なのです。

前半部は、前述したアフガン撤退時のバイデン大統領の発言に応えたものだ。後半部は、共和党の伝統、「価値観外交」を指している。

このゼレンスキー大統領訪米に合わせてアメリカ政府は、初めてウクライナへの地対空防衛システムPAC3の提供に応じた。1ユニットということで、効果に疑問符を投げかける報道も散見したが、私は違う意見を持っている。

PAC3、1ユニットは8機の発射装置に複数のレーダー、指揮統制装置などが組み合わさったものだ。1機の発射機から4発のパトリオットミサイルを発射できる。

ウクライナ全土を1ユニットでカバーできないことは事実だ。しかし最新鋭の防空システムを供与することで、アメリカのウクライナに対する支援の姿勢を内外に示すことができる。

PAC3提供は軍事的な効果というよりも、外交的メッセージの効果を考えるべきだ。

アメリカの姿勢は、2023年2月21日にはバイデン大統領自らがウクライナを極秘電撃訪問によって、さらに明らかになる。開戦1年目直前というタイミングを狙い、ウクライナに自ら赴きゼレンスキー大統領と会談。両氏の身体がボディーアーマーで膨れていることが、その危険性を伝えていた。

こうしてアメリカのウクライナ支援の継続を確実なものにし、それを内外にアピールすることに成功したのである。

126ページに前掲した「原油価格・アメリカのミスとロシアの軍事力行使の関係」を考えれば、一連の行動がどれほど重要な意味を持つのかが理解できるのではないか。

ゼレンスキー大統領は、戦時のトップのあるべき姿を示している。日本が中国に侵略された際の地方行政まで含めた政治家の模範と言えるだろう。

冒頭で示した、

①自国防衛力の強化

②連携ではなく同盟力の強化、同志国との連携強化

③他国は自国を守らない国には支援をしない

について、①はウクライナの国家安全保障体制立て直しから、②は国連の機能不全とア

メリカ、EUの協力から、③はウクライナ自身の戦いから理解できたのではないだろうか。

ウクライナが日本人に示している最大の教訓は「覚悟」ではないかと私は考えている。具体性に乏しく、模糊とした「精神論」に聞こえるかも知れないが、ボロボロになった安全保障・治安体制を、たった8年でロシアと戦えるまで立て直した土台は、ウクライナ市民による「二度とロシアに攻めさせない」という覚悟があって初めて実現したのだ。

その覚悟がゼレンスキー大統領を平時のトップから、戦時のトップに育てたのではないか。

問われているのは皆さんの「覚悟」だ。前述したように、中国は日本人一人一人の思考をつぶさに観測して、行動を決定する。すでに皆さんは戦争のフロントラインに立っているのだ。

「覚悟」することが抑止力の第一歩であり、すべてである。

そのことは本章を通じて理解できたはずだ。次章では、ウクライナ戦争を通じて、日本は中国の侵略にどう対応していくべきかを、より具体的に解説していこう。

第3章

中国に攻めさせない日本の決断

撃墜スパイ気球が示す中国の非対称戦略

米中間の衝突リスクの高まりを示す事件が、米軍による連続気球撃墜だ。

1　2023年2月4日　アメリカ南部サウスカロライナ州沖の大西洋上空で撃墜
2　2023年2月10日　アラスカ州沖で撃墜
3　2023年2月11日　カナダ北西部ユーコン準州の上空で撃墜
4　2023年2月12日　ミシガン州ヒューロン湖上空で撃墜

と2023年2月12日までに、短期間で4度も撃墜したのである。

このうち「1」については中国のスパイ気球であることが明らかになった。

4つのうち中国のスパイ気球が1つだけだったところに「気球」を兵器として使う意味がある。このミッションを主導したのは、第1章で書いた新国防大臣に着任した、李尚福氏が率いる、習近平国家主席肝煎りの「戦略支援部隊」だ。

中国は成層圏という高高度でスパイ気球を運用している。「気球」というツールと「成層圏」という空域を選ぶところに中国の戦略の特徴がよく表れている。そのことを解き明かしていこう。

「中国が突如、大量の気球を飛ばして、アメリカが反撃している」というイメージを持つ人もいると思うが、それは違う。2023年2月7日にアメリカ国防総省が明らかにしたように中国の偵察気球はトランプ政権下で少なくとも3回、バイデン政権下で今回以前に1回確認されている。

中国はこれまで世界5大陸40カ国以上に気球群を送り続けている。米軍による回収も今回が初めてではなく過去、ハワイで回収して分析した結果、中国製だったことがわかったと、私は聞いた。

それ以前には看過していたことが、看過できなくなったということだ。

背景にあるのが、アメリカ議会の対中姿勢強硬化である。日本とは違ってアメリカでは連日、中国のスパイ衛星がメディアで放送された。議会側は「中国の主権侵害」に憤怒し、バイデン政権が突き上げられて撃墜を行った流れだ。

このようにバイデン政権が米中間の緊張のステージを外交で下げようとする一方で、議会は中国の脅威を深刻に受け止め中国への姿勢を強硬にし続けているのである。

第1章で書いたUSCCレポートは、2023年現在のアメリカ議会の姿勢を示す典型例だ。

２０２３年２月９日に、アメリカ下院議会が中国の偵察気球が米国の主権を侵害したとして「中国共産党を非難する決議案（H. Res. 104)」を、実に４１９対０で採択したことが、北京に対する憤怒の証左だ。

中国の偵察気球は日本にも飛来している。２０２０年６月には宮城県で、２０２２年１月には九州西方への飛来が確認されたことが明らかになった。

ところが現在の航空自衛隊が撃墜することはかなり難しい。

中国のスパイ気球は高度約２万メートルを飛行する。ほぼ成層圏の高さだ。空自の戦闘機はF－15だが、記録されている同機の最大到達高度１万８２９０メートル。米軍がチャレンジ用の整備を行って、最良のコンディションで達成した。実用高度はもっと低空である（次ページ図「中国のスパイ気球の高度」）。

すでに調達が開始されているF－35Aは、この高度まで飛べる可能性があることが指摘されているが、問題はエンジンが単発である点だ。酸素濃度が極めて薄い高高度でエンジンにトラブルが起これば単発機は失速する。パイロットの安全を考えても双発でなければ不可能な高度だ。

中国のスパイ気球の高度

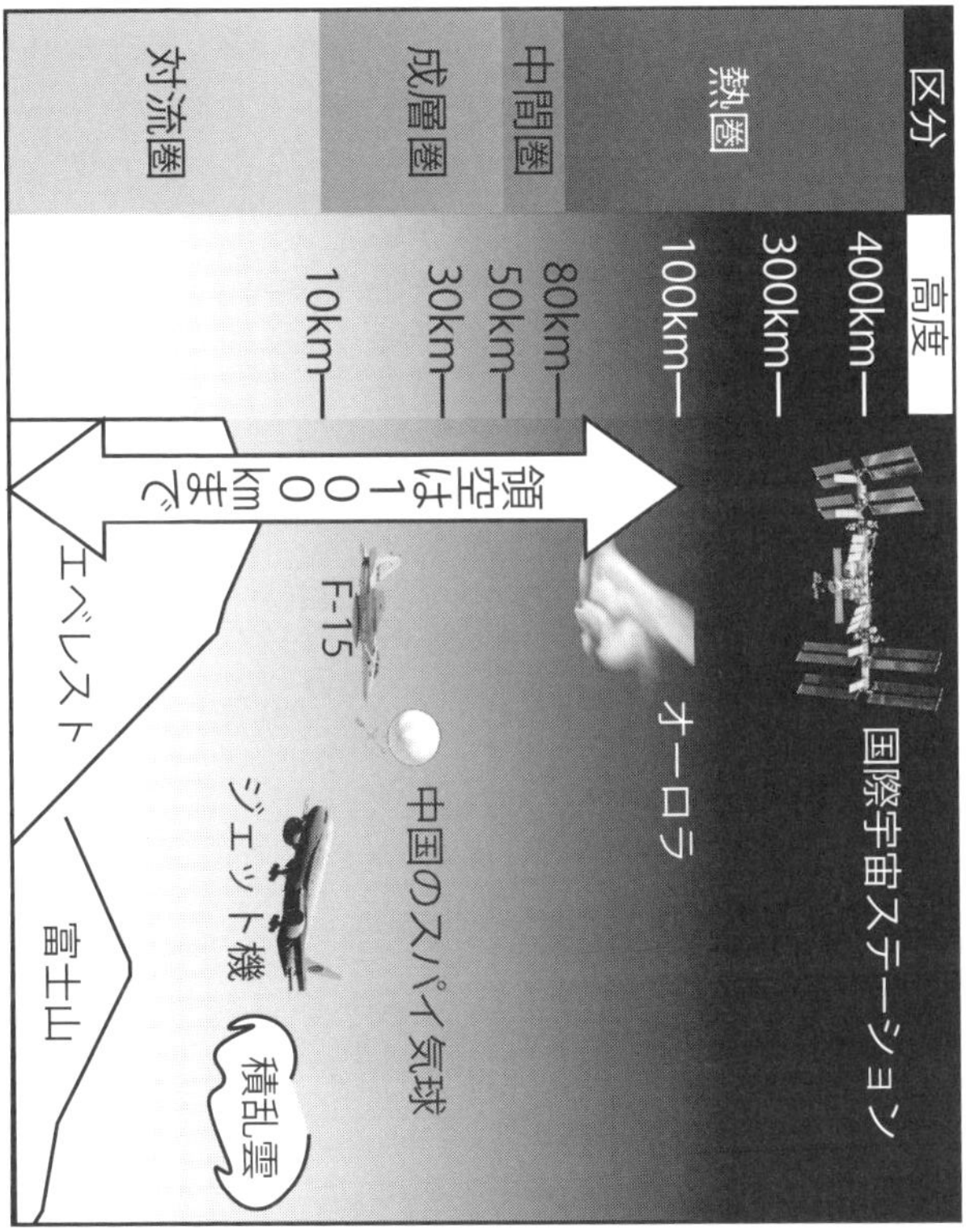

しかも気球は極めて速度が遅い。撃墜のためにはレーダーでロックオンしなければならないが、相対速度が遅いターゲットはロックしにくい特性がある。加えて反射率が極めて低いポリエチレンを素材として使っている。地上のレーダー施設からの発見も難しい。

気球に相対速度を合わせれば戦闘機は失速する。飛行機は大気から揚力を得て飛ぶのだから、大気が薄い高高度での操舵は不安定になる。操縦するパイロットの酸素供給や血流保持の問題もあるため、機内の与圧装置も必要となる。こうした条件を満たしながら撃墜できる戦闘機はF－22「ラプター」だけだということで「1」ではF－22が運用された。ラプターは制空権の制圧を目的に作られ、あまりに強力な戦闘力から輸出を見送られた。その制空制圧戦闘機の空対空戦初撃墜が「気球」というのは皮肉な話だ。

キーワードは「非対称」

もちろん中国は撃墜が困難な「成層圏」を狙って高高度気球開発を選んでいる。ここまで中国が多くの分野で「すき間」、「ギャップ」を狙っていることは解説したが、「成層圏」と「深海」も同様だ。

このように相手が手を出しにくい領域を狙う戦略、戦術は軍事用語で「非対称」と呼ばれる。

しかも気球は偵察衛星に比べればはるかに安価で長時間、同じ場所に滞空することが可能だ。運用高度も衛星に比べて比較的低いのでクリアな画像や音声等を撮影、傍受できるのだ。米軍は高度2万1300メートルを飛行する偵察機U－2「ドラゴンレディ」や、気球と同じ高度で運用できる無人偵察機を保有している。

それらの開発費、運用費は高高度気球のそれとは比べものにならない。コストの部分でも「非対称」が機能する。その上、一般市民、一般企業も大量の気球を空に飛ばしている。数多くの気球の中で「中国のスパイ気球」と特定することが難しい。

撃墜したうち3つの気球が中国のスパイ気球でなかったことがその証左だ。

米軍の偵察機が軍用であるのに対して、「気球」は民間でも開発することができる。前述した「軍民融合」だ。自由主義国家では技術の軍事転用を企業が拒否できる。対して権威主義国家の中国では、企業に拒否権など存在しない。民間で開発された技術をそのまま軍事転用することができる。

中国が高高度偵察技術開発を本格化させたのは2010年頃のことである。日本よりもはるかに戦略的に世界を攻略しようとしているということだが、その脅威が日本国民に共有されていないのが現実だ。

スパイ気球撃墜事件で注目したいのは、その後のアメリカの対応である。

撃墜された気球はアメリカに回収され、順調に分析が行われた。気球は実に小型飛行機を搭載できるほどの搭載能力を持っていたという。

最初の撃墜から約一週間後の2023年2月10日、アメリカ政府は偵察気球製作に関与したとして、6つの中国企業・団体を輸出規制対象の「EL（エンティティリスト）」に加えたことを発表した。

追加されたのは北京南江空天科技、中国電子科技集団公司第四十八研究所、東莞凌空遙感科技、鷹門航空科技集団、廣州天海翔航空科技、山西鷹門航空科技集団だ。

いずれも国営の防衛関連企業や研究組織及び請負業者である。

アメリカは軍事に関与していることが明らかになった中国企業を「EL」で指定。指定された企業には米国産の部材、技術などを「禁輸」していて、破れば制裁対象となる仕組みだ。

「高高度気球」は、まさに軍と民の境界線がないハイブリッド戦略の象徴だ。ゆえにアメリカは事実上の制裁とも言える「規制」を中国企業に次々に科しているのである。

その規制もアメリカ一国ではなく、同志国、同盟国を求めるようになった。この「集団経済安全保障体制」の理解は、今後の世界情勢を読み解く上でも非常に重要なので次章で詳述する。

ロシアと中国の占領タスク

前章ではロシアによるウクライナ侵攻について解説した。

創立が1831年と安全保障分野のシンクタンクで世界最古の歴史を持つのがRUSI（Royal United Services Institute for Defence and Security Studies の略で「英国王立防衛安全保障研究所」）だ。

そのRUSIの陸上戦担当上級研究員、ジャック・ワトリング博士とリサーチアナリストのニック・レイノルズは、「The Plot to Destroy Ukraine（ウクライナ破壊計画）」というスペシャルレポートを発表している。

発表日はウクライナ侵攻約1週間前の2022年2月15日だが、レポート内の図

「Russia's Multiple Paths to Victory（ロシア勝利への道筋）」は、ロシアがウクライナ侵攻で行ったことを、かなり正確に分析・予告している。

それを和訳し、書籍向けにデザインを変えたものが次ページの表「ロシアのウクライナ攻略タスク」だ。表中の何点かの用語について補足する。

「人間の地形」とは現地住民の社会・文化的動態のことだ。米軍はアフガニスタンを民主化させるプロセスの中で、２００６年に「人間地形システム（ＨＩＳ）」の設立を試みた。政府という上流から市民社会という広大な下流まで、民主主義を行き渡らせ、長期的な安定を構築するためである。

「アストロターフィング」とは団体・組織が背後に隠れ、自発的な草の根運動に見せかけて行う意見主張・説得・代弁の手法である。人工芝運動や人工草の根運動、偽草の根運動などとも言われる。

「偽旗作戦」とは、海賊が「降伏」の旗を掲げて敵を油断させて逆に相手の船を乗っ取るという行為に由来する、だまし討ちの軍事作戦だ。この場合は、心理に対して働きかける心理戦である。

現代の戦争が、兵器を使った武力行使という単純な図式で行われないことは繰り返し解

ロシアのウクライナ攻略タスク

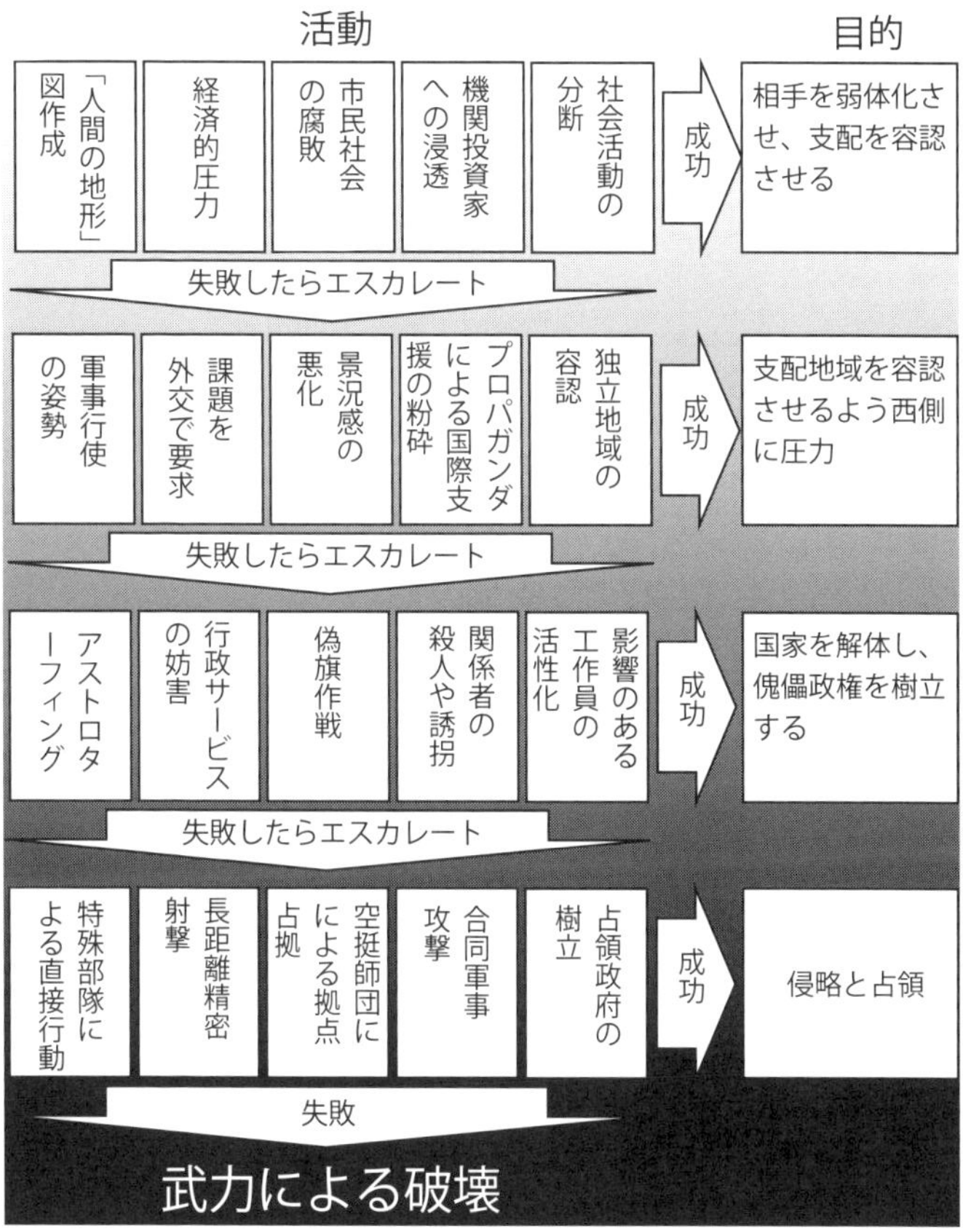

（RUSI　Jack Watling and Nick Reynolds「The Plot to Destroy Ukraine」を元に作成）

説した。技術領域も含めて軍事と民間の境界線をなくし、現地住民の「人間の地図」を研究し、効果的な情報を流布させることで人間の認知領域を攻撃し、内側から政治・社会構造を攻撃するところから侵略が出発する――これを具体的に視覚化したのが、この「ロシアのウクライナ攻略タスク」ということだ。

さてこの表を見て、中国の姿勢を思い出した人も多いのではないか。次ページ図「中国による対日工作の全体像」のように中国も、日本国内の政治、経済、人間の認知領域の部分に対して攻撃を仕掛けてくるからである。

1992年2月25日には、中国政府が領海法を制定し、尖閣諸島を中国領土と明記。2022年10月29日には、習近平国家主席が軍幹部の非公開会議で、沖縄県・尖閣諸島や南シナ海の権益確保を「我々の世代の歴史的重責」だと述べ、自らの最重要任務と位置づけていたことが内部文献で明らかになった。

事実無根の歴史を国内法に明記しながら、海外に喧伝。ウソを言い続けることで「事実」のように思わせ、力によって現状変更を行う。その入り口の部分で行われるのが認知戦だ。

「尖閣諸島」だけではなく、すでに中国の「認知戦」は始まっている。皆さんは、すでに

中国による対日工作の全体像

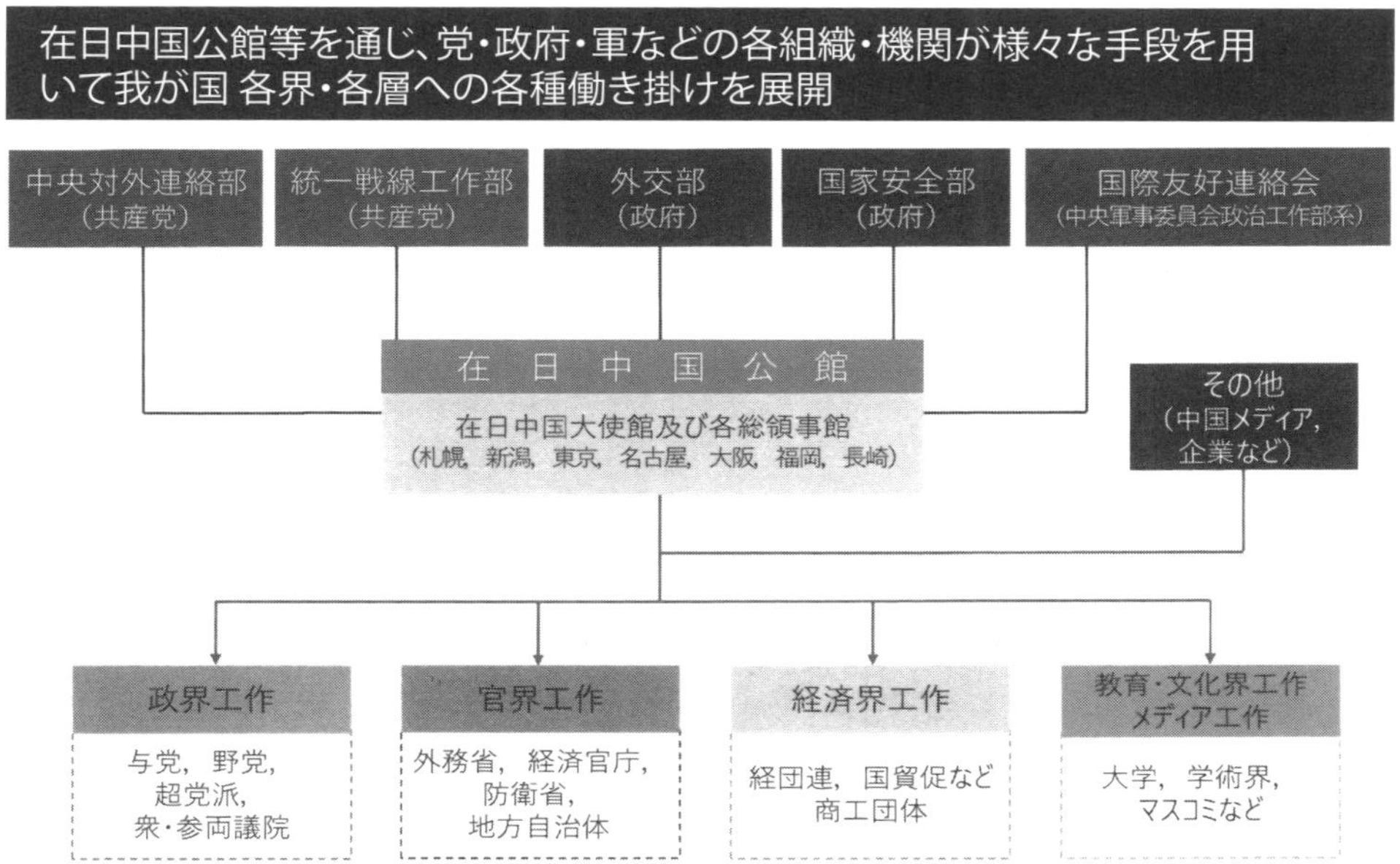
在日中国公館等を通じ、党・政府・軍などの各組織・機関が様々な手段を用いて我が国 各界・各層への各種働き掛けを展開
中央対外連絡部（共産党）
統一戦線工作部（共産党）
外交部（政府）
国家安全部（政府）
国際友好連絡会（中央軍事委員会政治工作部系）
在日中国公館
在日中国大使館及び各総領事館（札幌、新潟、東京、名古屋、大阪、福岡、長崎）
その他（中国メディア、企業など）
政界工作
与党、野党、超党派、衆・参両議院
官界工作
外務省、経済官庁、防衛省、地方自治体
経済界工作
経団連、国貿促など商工団体
教育・文化界工作 メディア工作
大学、学術界、マスコミなど

「戦場」、しかも「最前線」に立たされてしまっている現実を理解するべきだ。

最重要課題は「中国に攻めさせない」こと

このような「ハイブリッド戦術」に対抗するためには、安全保障構造を「ハイブリッド」にする必要がある。

その一歩を日本は踏んだ。岸田内閣が決断した「安全保障3文書改定」がそれである。もちろん詳細は、大量の図版を交えながら後述する。

「攻められた時に守る」のが、専守防衛型の国防だが、まだ武力行使が行われていないにもかかわらず、戦争が始まっている――この「グレーゾーン」の戦域に勝利することこそ、2023年3月現在の日本の国家安全保障の最大目的だ。

中国に侵攻の意欲を喪失させるための、防衛目標達成への3つのアプローチとは、

①我が国自身の防衛体制の強化
②日米同盟の抑止力・対処力の強化
③同志国との連携の強化

防衛目標達成への3つのアプローチ

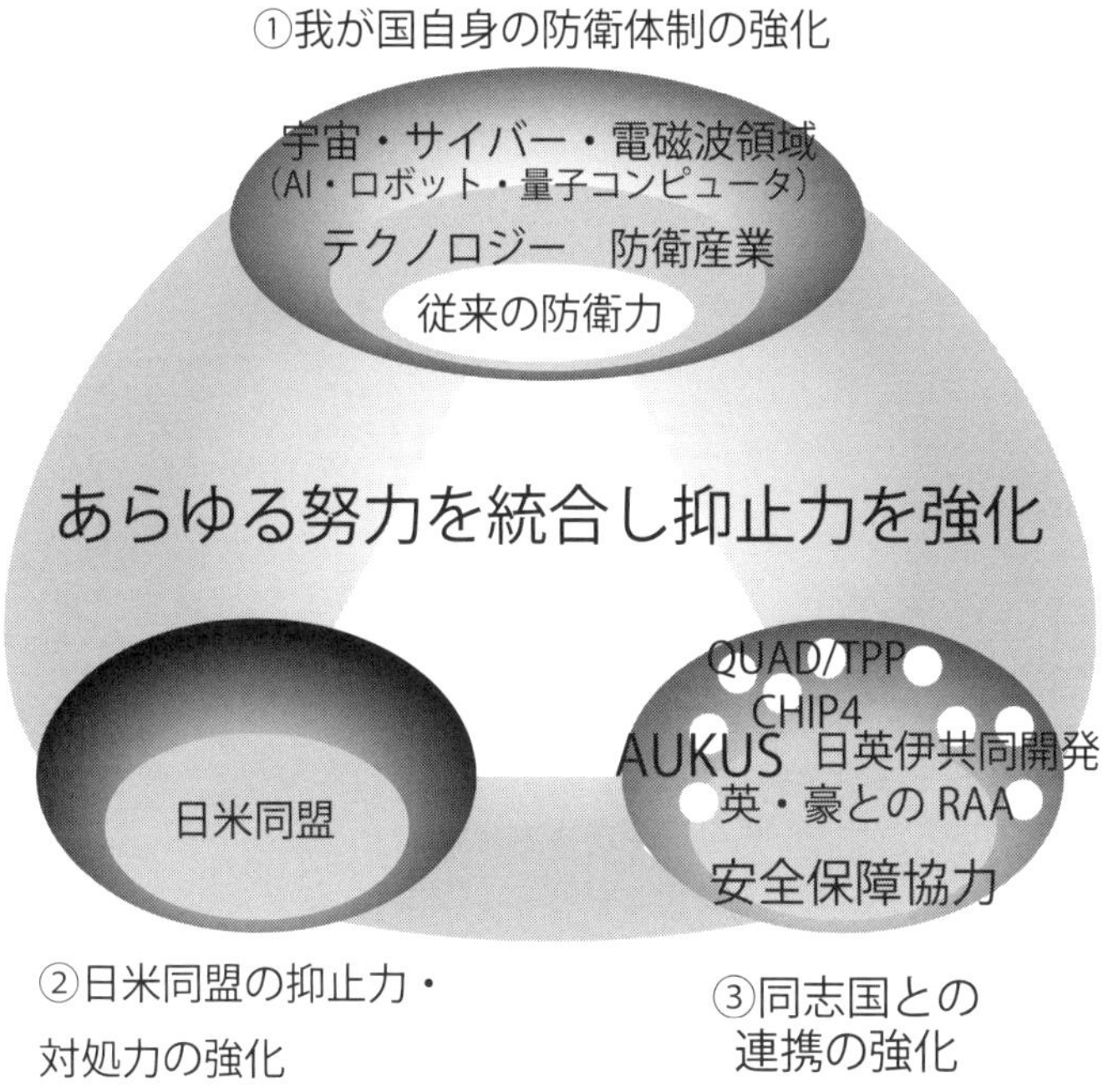

となる。それを図式化したものが、前ページの図「防衛目標達成への3つのアプローチ」だ。

この図を基に、解説を進めていこう。

従来の防衛力の3本柱を防衛省は①我が国自身の防衛体制、②日米同盟、③安全保障協力と定義している。ところが前述したように戦域が、この外側にあるということで自衛隊には新たな防衛力獲得の必要性が生まれた。

そこで「①我が国自身の防衛体制」から整理していきたい。

すでに自衛隊は陸・海・空の領域で高いレベルの防衛力を保有している。しかしこの防衛力は「ヒト」が根底を支えていた。ところが2020年のアゼルバイジャンとアルメニアの間で起こった「ナゴルノ・カラバフ紛争」で、この「ヒト」中心の防衛構造に革命が起こる。

この紛争でアゼルバイジャンは古い輸送機を飛ばし途中でパイロットは脱出、無人の輸送機だけがアルメニア側に侵入した。そうとは知らないアルメニア側はレーダーを照射し対空火器で攻撃。そのレーダー波を探知したイスラエル製の「ハーピー徘徊型自爆ドローン」が対空火器を破壊した。

「ハーピー」は、兵士が使用するスマートフォンの電波も探知し自爆攻撃を仕掛けたことから、アルメニア軍はスマートフォンの使用を禁止したという。

自爆型ドローンによって圧倒的な航空優勢を確保したアゼルバイジャンは、トルコ製の「バイラクタルTB2無人偵察・攻撃機」を飛ばして軍用車両や兵士を難なく攻撃した。

日本ではあまり報じられなかった遠い国の紛争が、世界の国防関係者に与えた衝撃は大きい。標的を選択するために特殊部隊を潜入させるなどのインテリジェンスを使い、遠距離から巡航ミサイルでレーダーなどの対空防衛施設を破壊。航空優勢を構築した後、航空機によって重要施設を破壊し、最後に地上部隊を派遣するというのがアメリカのお家芸だ。ところがアメリカほどの大国ではないアゼルバイジャンが、この戦術を「ドローン」で成し遂げてしまったのである。

ウクライナ侵攻でもドローンの効果が絶大であることが明らかになった。すでに戦争は「ヒト対ヒト」ではなく、「ヒト対機械」になっている。やがて「機械対機械」の構図に向かうのは確実だ。

しかも、その機械にはAIが搭載されようとしている。機械が自分で考え、相手の機械を破壊するとすれば優劣を決めるのはAIということになる。

最初に機械が機械と戦い、次に機械が人間と戦う――この新たな戦争の形に対応するためには従来の防衛力を整備、強化する必要がある。

宇宙、サイバー、電磁波領域という新たな戦域

この兵器面での革命的転換に加えて、現在は、新たな戦域が生まれている。その中心となるのが宇宙、サイバー、電磁波領域だ。

現在、複数の小型衛星をネットワーク化して運用する衛星コンステレーションが運用されている。通信の他にも衛星画像の取得などに利用されているのだ。また、伝搬損失が少ない9GHz帯は「Xバンド」と呼ばれる。その電波特性からXバンド通信衛星は、防衛に利用されている（次ページ図「安全保障分野における宇宙利用のイメージ」参照）。すでに宇宙は重要な情報通信インフラの土台となっているのだ。

ウクライナ侵攻においてはロシア軍、ウクライナ軍が相互に軍用通信インフラの破壊に成功。そこでウクライナ軍はアメリカの通信システム「スターリンク」によって軍用通信を開通。軍用通信システムを構築できなかったロシアは兵士が自前のスマートフォンを使

安全保障分野における宇宙利用のイメージ

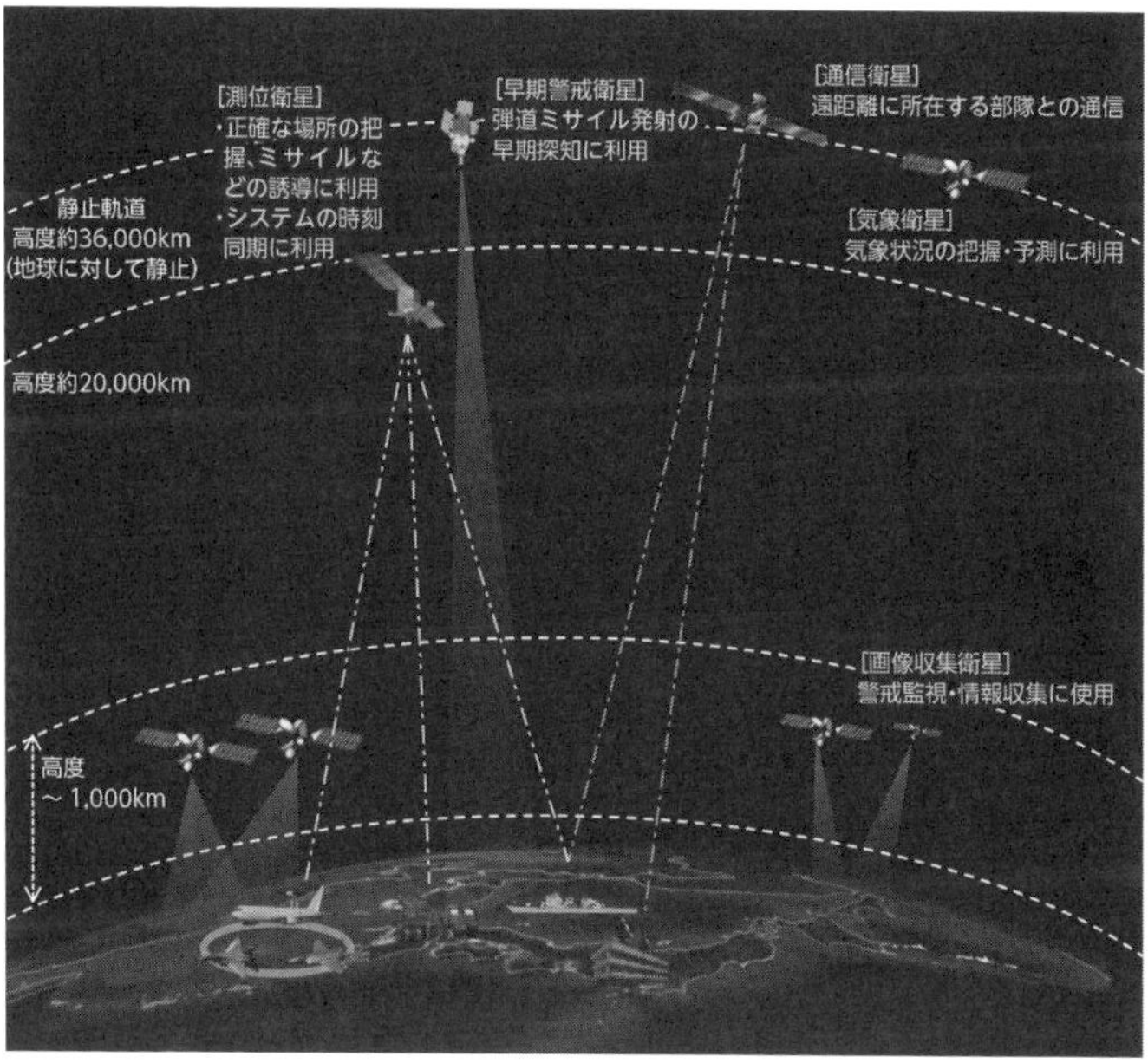

(「防衛白書」2022より)

って通信。傍受されて狙い撃ちにされているのだ。

宇宙の価値は今後上昇していくということだ。ところが2021年4月、中国がアメリカの衛星を無効化する破壊的な宇宙兵器の配備を進めていることが明らかになった。

すでに宇宙は戦域ということだ。

宇宙防衛の重要性にいち早く気が付き行動に移したのが安倍元総理である。

2013年に安倍政権が宇宙の国防利用の方向性を明確化。2018年には中期防衛力整備計画で宇宙領域専門部隊の新編が明記される。さらに、2019年9月17日の自衛隊高級幹部会同で安倍元総理は最高指揮官として、

「来年、航空自衛隊に『宇宙作戦隊』を創設します。いわば、航空宇宙自衛隊への進化も、もはや夢物語ではありません」

と訓示。2020年航空自衛隊内に宇宙作戦隊が創設。2022年には組織が拡大し、宇宙作戦群に新編されている。

サイバー空間については、中国がサイバー空間での戦力拡充を人事から構築していること、2014年のクリミア侵攻、またウクライナ侵攻においてもサイバー攻撃による通信・重要インフラの妨害、インターネットやメディアを通じた偽情報の流布などが用いら

防衛分野における電磁波領域の使用

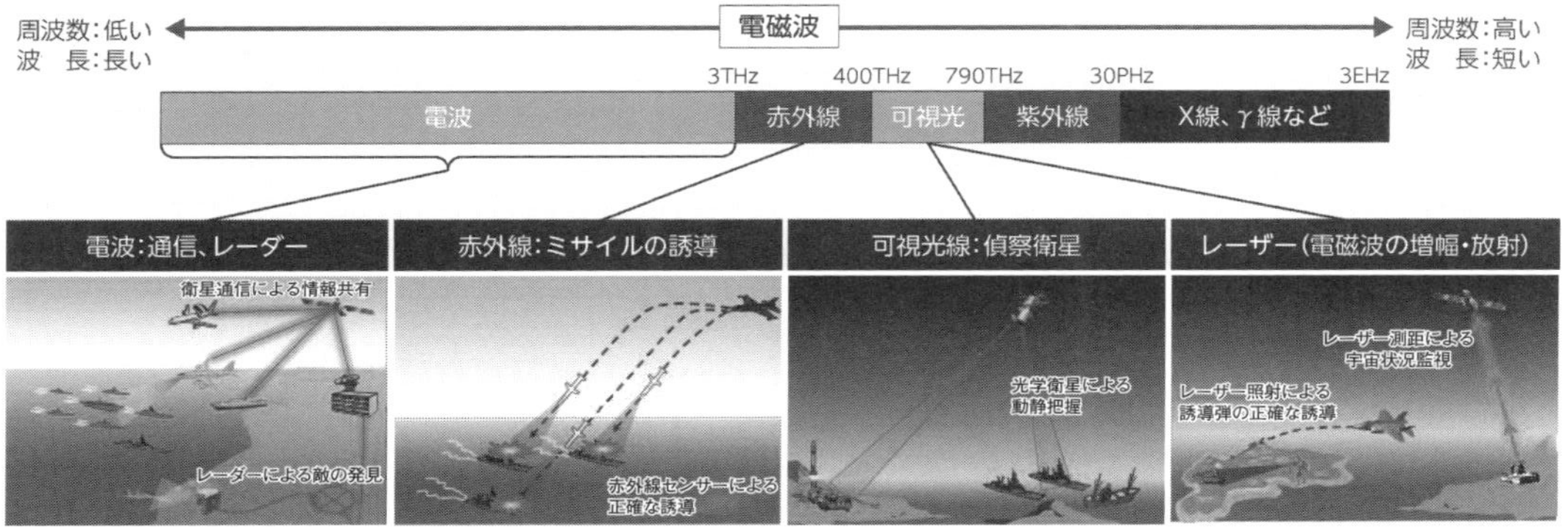

（「防衛白書」2022より）

れていることは解説した。

しかし自衛隊が自衛隊指揮通信システム隊の体制を見直し、隷下に陸海空共同部隊としてサイバー防衛隊を新設したのは2022年3月17日のことである。2027年度までに、サイバー防衛隊などサイバー部隊を最大5000人に拡充する方向で調整しているものの、出遅れた感は否めない。

電磁波は指揮統制のための通信機器、敵発見のためのレーダー、ミサイルの誘導装置に利用されている。さらに偵察衛星が使う可視光線、衛星からのレーザーなども電磁波であることから宇宙空間の安全保障利用とも連動しているのが電磁波領域だ（前ページ図「防衛分野における電磁波領域の使用」）。

当然のことながら敵が、日本の電磁波を撹乱すれば多くの場面で「優勢」を確保することができる。逆に日本が相手の電磁波を撹乱し、自分たちの電磁波を維持できれば優勢を確保することができる。

そこで自衛隊は2022年3月に陸上総隊隷下に電磁波作戦を主任務とする電子作戦隊を新編した。

アメリカの軍民融合

「高高度気球」でも明らかなように、中国は常に「非対称」の方向に領域を拡大していく。対して日本の安全保障面でのサイバー、電磁波空間対応の出遅れ感は否めない。

アメリカが宇宙軍を創設したのは2019年12月20日なのだから、安倍元総理の尽力で、少なくとも「宇宙軍」については追いついているのだ。政治と官僚の力不足が、この遅延を生んだということになる。

挽回のためには新領域での抑止力の拡充は喫緊の課題だ。

2021年には東京五輪を狙ったサイバー攻撃が4・5億回行われた。行政側で中心になったのがNISC（内閣サイバーセキュリティセンター）、実働側で中核になったのが民間企業のNTTである。

すでにサイバー領域での戦争は始まっているということだ。サイバー部隊経験者を次期防衛大臣にしようと画策する中国に、自衛隊サイバー部隊が単独で今すぐ対抗できるようになるのは非現実的だ。そしてサイバー戦については民間の方にアドバンテージがある。

あのアメリカでさえ、軍や官の追いつかない領域では民間企業の力を躊躇なく利用する。ウクライナ侵攻におけるサイバー戦で大活躍した民間企業の1つが、アメリカ大手IT企業マイクロソフトだ。

開戦たった約2カ月後の2022年4月27日、マイクロソフトは「Special Report: Ukraine（特別レポート ウクライナ）」と題したレポートを配信する。副題は「An overview of Russia's cyberattack activity in Ukraine（ウクライナにおけるロシアのサイバー攻撃活動の概要）」。約21ページにわたって、ロシアがウクライナに対してどのようなサイバー攻撃を仕掛けていったのかが詳細に報告されている。

マイクロソフトは開戦約1年前の時点で紛争に向けた事前準備を進めていたと評価していた。侵攻開始後から約6週間、ロシアのサイバー部隊はウクライナの数十の組織が保有する数百のシステムのファイルを永久に破壊する、約40個別の破壊的な攻撃が行われた。

マイクロソフトは単独でこのサイバー戦に挑んだわけではない。アメリカ政府が民間のIT企業と機密を共有しながらサイバー空間の戦いに挑んだ。そのことを示す根拠の1つが、レポート中で公開された次ページの図「ロシアのサイバー脅威集団」である。原文のチャートを和訳した。

ロシアのサイバー脅威集団

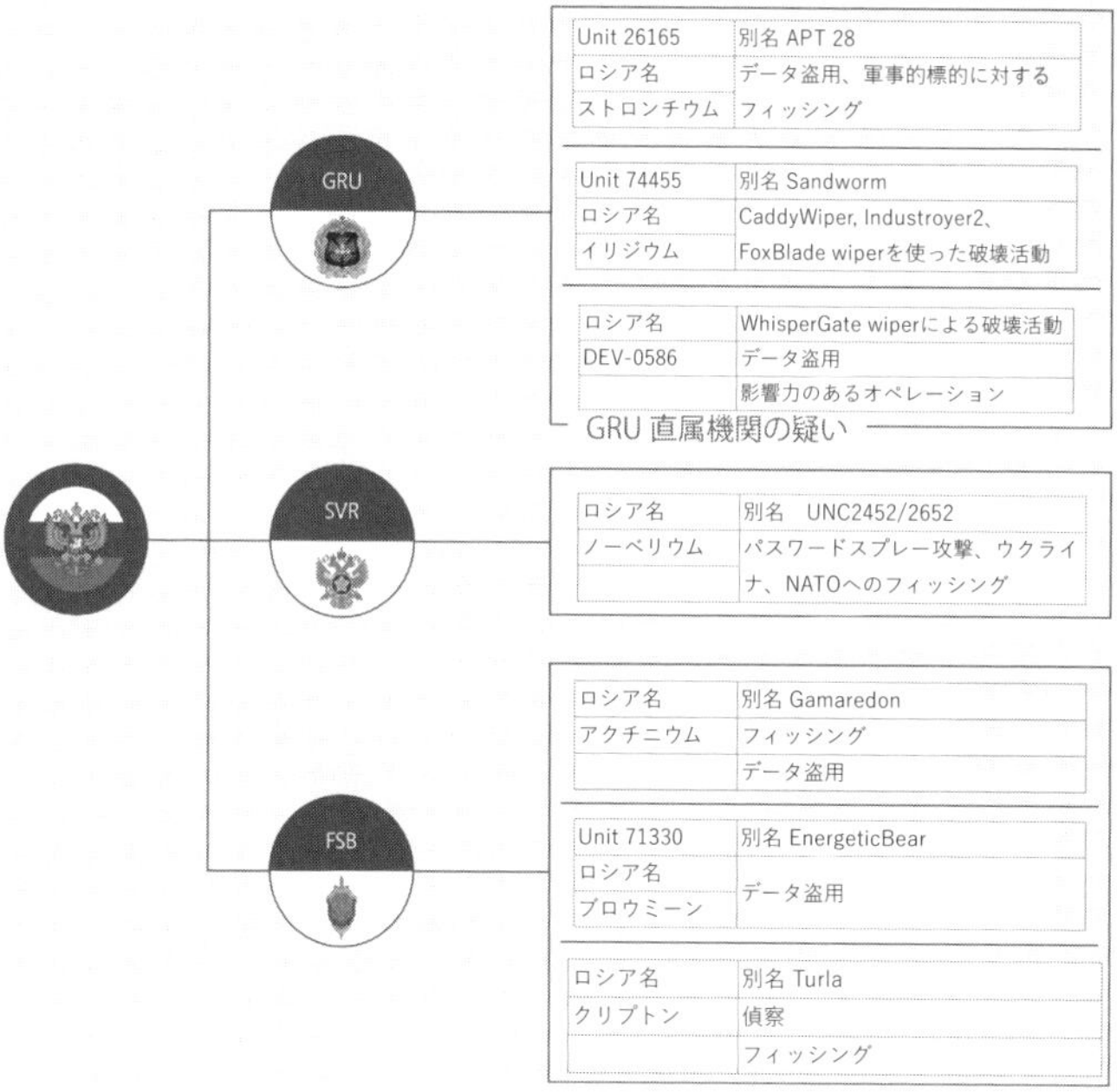
GRU
Unit 26165
ロシア名
ストロンチウム
別名 APT 28
データ盗用、軍事的標的に対する
フィッシング
Unit 74455
ロシア名
イリジウム
別名 Sandworm
CaddyWiper, Industroyer2、
FoxBlade wiperを使った破壊活動
ロシア名
DEV-0586
WhisperGate wiperによる破壊活動
データ盗用
影響力のあるオペレーション
GRU 直属機関の疑い
SVR
ロシア名
ノーベリウム
別名 UNC2452/2652
パスワードスプレー攻撃、ウクライナ、NATOへのフィッシング
FSB
ロシア名
アクチニウム
別名 Gamaredon
フィッシング
データ盗用
Unit 71330
ロシア名
ブロウミーン
別名 EnergeticBear
データ盗用
ロシア名
クリプトン
別名 Turla
偵察
フィッシング

常識的に考えて一民間企業単独で、ロシアの機密部隊と使用するウイルスを紐づけて得ることはありえない。官民軍共同で情報を共有しながら、サイバー空間でロシアと戦い、ウクライナの防衛に成功したということだ。

こうした官民軍の対ロシアへの取り組みは電磁波領域でも行われた。

ロシア軍は侵攻緒戦でウクライナの通信網を破壊。そこで2022年2月26日、ウクライナの副首相兼デジタル・トランスフォーメーション担当大臣のミハイロ・フェドロフ氏がTwitterで、

「ウクライナにスターリンクを提供してほしい」

と、アメリカ宇宙開発大手「スペースX」社のCEO、イーロン・マスク氏に呼びかけた。「スターリンク」は同社が提供している衛星インターネットアクセスサービスだ。静止衛星より軌道の低い低軌道衛星コンステレーションを媒介してネットにアクセスする。高速で低遅延な通信品質で、軍事使用に十分耐えられるほどだ。

申し入れから約10時間後にマスク氏は、

「スターリンクのサービスがウクライナで稼働した」

と返信した。

追加のスターリンク用端末もウクライナに輸送されたことでウクライナ軍は通信を回復し、衛星経由でドローンをコントロールすることなどができるようになったのだ。

このドラマはあたかもマスク氏単独で行ったかのように見えるかも知れない。だが、戦地であるウクライナにどうやって安全にシステムの部材を迅速に運送することができるのか。

政府の働きかけや支援があったことは疑いようがない。

すでに世界の戦争は官民軍が「壁」を取り払い、横断的に連動して挑まなければならなくなってしまっているのだ。まさに「ハイブリッド防衛」である。

私自身政治の世界で、幾度も日本独自の「縦割りの壁」に直面し、失望してきた。この「壁」こそが「ハイブリッド防衛」の最大障壁である。

自衛隊内に新領域に対する新組織が設立されたが、この組織に強い抑止力を付与しなければ、すでに始まっているグレーゾーンの戦いで優勢を保てない。そうなれば中国は武力行使のオプションを維持し続けることになる。

中国に戦争を起こさせないためには、新たな安全保障体制構築に対して目詰まりを起こす「壁」を取り払えるか否かが重要なカギだ。そのための法、ルール、制度の整備が政治の喫緊の課題と言えるだろう。

安保3文書改定

2023年で1951年に吉田茂総理が旧日米安全保障同盟を締結してから72年、1960年に岸信介総理が新日米安保を締結してから63年が経った。この時間の中で日米同盟は深化と進化を続けてきたが、これ以上、劇的に関係を濃密化させることができるのだろうか、と思う人も多いだろう。

だが「②日米同盟の抑止力・対処力の強化」について大きな前進が行われた。それが2022年12月16日に、閣議決定した外交・防衛政策の基本方針「国家安全保障戦略」など安全保障関連3文書の改定である。

「安保3文書」とは、

1. 国家安全保障戦略
2. 国家防衛戦略
3. 防衛力整備計画

安保3文書の概要

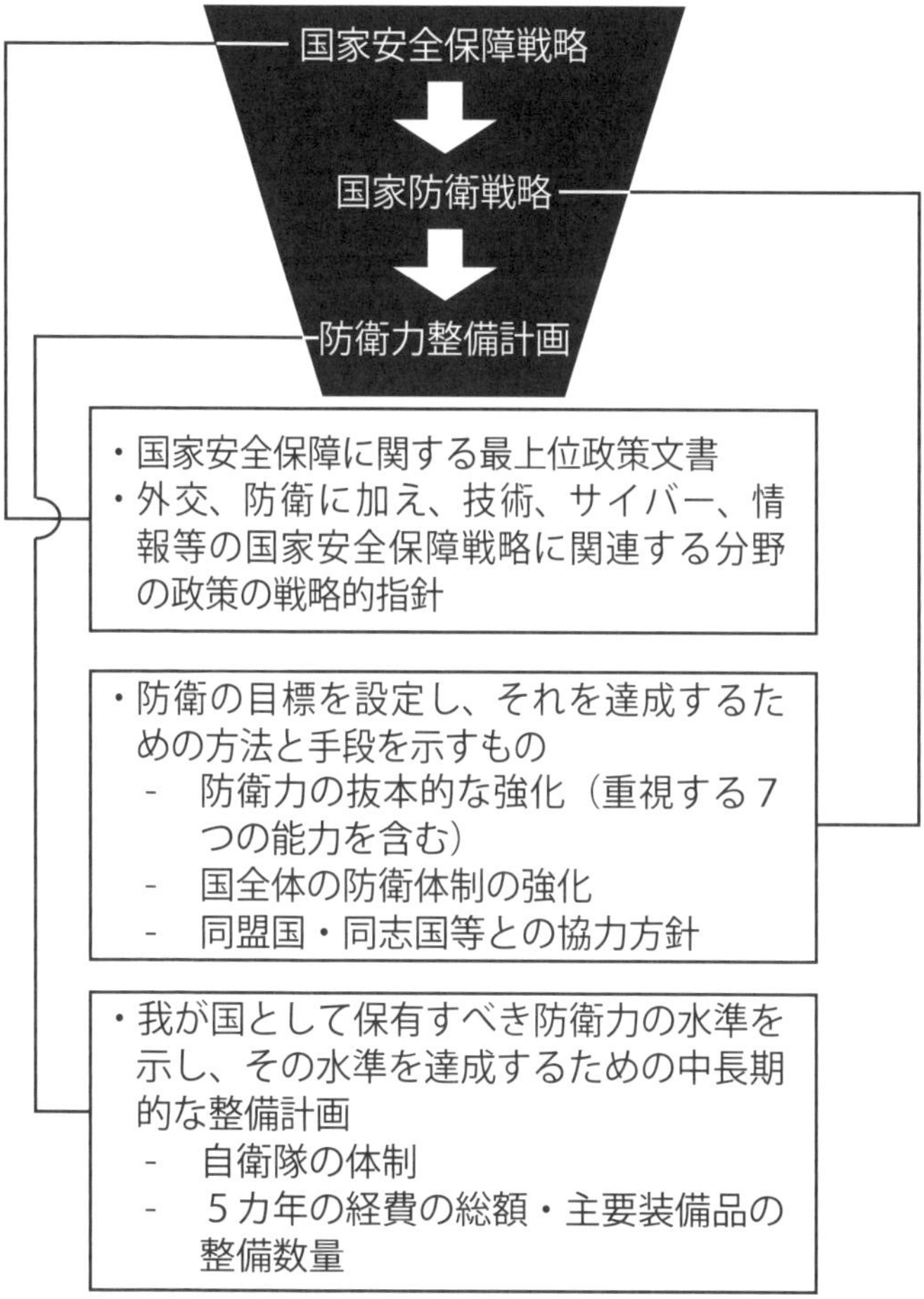
国家安全保障戦略
国家防衛戦略
防衛力整備計画
・国家安全保障に関する最上位政策文書
・外交、防衛に加え、技術、サイバー、情報等の国家安全保障戦略に関連する分野の政策の戦略的指針
・防衛の目標を設定し、それを達成するための方法と手段を示すもの
- 防衛力の抜本的な強化（重視する7つの能力を含む）
- 国全体の防衛体制の強化
- 同盟国・同志国等との協力方針
・我が国として保有すべき防衛力の水準を示し、その水準を達成するための中長期的な整備計画
- 自衛隊の体制
- 5カ年の経費の総額・主要装備品の整備数量

からなる。

まとめたものが前ページ図「安保3文書の概要」だ。3文書のうち最上位文書に位置するのが「1．国家安全保障戦略」である。

語彙を補足するとスタンド・オフ防衛能力とは、相手の射程外からの長距離攻撃能力のこと。また、無人アセットとは陸・海・空・サイバー・宇宙を含めてAIなどを活用して「無人」で防衛を行うシステムのことだ。

今回の改定で「反撃能力の保有」が宣言されたのである（次ページ図「国家安全保障戦略のアプローチ」参照）。

それを受けて「2．国家防衛戦略」では10年間の防衛力整備を「5年」を節目にして「2段階」で構想することが記載された。今後5年間の優先課題を、
・現有装備品の最大限活用
・将来の防衛力の中核となる分野の抜本的強化
としながら、日本への侵攻を阻止・排除する能力確保のために、
・弾薬確保や部品不足解消など「継戦能力」向上
・スタンド・オフ・ミサイルの配備

国家安全保障戦略のアプローチ

防衛体制の強化

- ●防衛力の抜本的強化
- ●防衛装備移転三原則・運用指針 など制度の見直し

全方位シームレスの取り組み

- ●米国との協力の深化
- ●サイバー、海洋、宇宙における安全保障
- ●安全保障技術力、情報能力向上
- ●国民保護体制強化

経済安全保障政策

- ●自立性、優位性、不可欠性の確保等
- ●サプライチェーンの強靭化
- ●セキュリティ・クリアランス 情報保全の強化

↓

- ・スタンド・オフ防衛能力、無人アセット防衛能力
- ・反撃能力の保有
- ・予算水準ＧＤＰ比２％
- ・自衛隊と海保の連携強化

を目標した。防衛省は5年後までに「5年間で43兆円規模が必要」としている。さらに10年後にはより早期、遠方で侵攻を阻止・排除する能力の保有を目指す。具体的には、
・極超音速誘導弾など先進的な長射程ミサイルの導入
・複数の無人機を同時制御して防衛に活用
とした。

これまで自衛隊の装備は戦車、火器、護衛艦、戦闘機など直接戦闘用のものを「正面装備」。弾薬、ミサイル、燃料、通信機器、施設などの作戦実施の基盤を「後方装備」と2分割にしていた。

しかし、「2．国家防衛戦略」では、次ページの上図「計画・予算の配分方針の見直し」のように、「正面」と「後方」の区分を廃した新たな区分が設定されることになり、次ページ下図「防衛力の抜本的な強化に当たって重視する能力」のような重点目標も定められた。

計画・予算の配分方針の見直し

スタンド・オフ防衛能力	
統合防空ミサイル防衛能力	
無人アセット防衛能力	
領域横断作戦能力	宇宙
	サイバー
	車両・艦船・航空機等
機動展開能力・国民保護	

指揮統制・情報関連機能
弾薬の確保
施設の強靱化
基地周辺対策経費等
防衛生産・技術基盤の強化
装備品等の維持整備費・可動確保関連経費
教育訓練費、燃料費等

防衛力の抜本的な強化に当たって重視する能力

能力	具体例
①スタンド・オフ防衛能力	12式地対艦誘導弾改開発
②統合防空ミサイル防衛能力（IAMD／反撃能力含む）	SM 3などの拡充
③無人アセット防衛能力	小型ドローンの開発
④領域横断作戦能力	衛星コンステレーションの構築
	陸自高等工科学校システム・サイバー専修コース設置
⑤指揮統制・情報関連機能	大量の画像情報をAIによって自動判別
⑥機動展開能力・国民保護	輸送機・輸送船などの拡充
⑦持続性・強靱性	老朽化した施設の改修など

「ミサイルギャップ」解消に向けた一歩

改定した理由は、中国を中心とした周辺国の脅威の増大である。国家安全保障戦略では、中国の姿勢を「我が国と国際社会の深刻な懸念事項であり、これまでにない最大の戦略的な挑戦だ」と明記している。

例えば中国とロシアはマッハ5以上の速度で飛翔する「極超音速ミサイル」を実戦配備している。そのロシアは2022年3月に「極超音速ミサイル」を、実戦で初めて使用した。

この速度で飛翔する飛行体を完全に防衛する手段は、現在のところ存在していない。この「極超音速ミサイル」を北朝鮮も開発中だ。

前述したように非対称を戦略、戦術に組み込む中国はミサイル大国だ。どれほど優れた性能を持つ戦闘機でも地上にいる時は、「置物」だ。そこで中国は駐機中の戦闘機、あるいは移動中の護衛艦を、戦闘機や護衛艦に比べればはるかに安価なミサイルで攻撃する戦術を強化させ続けている。

もちろん通常の弾道ミサイルや対艦ミサイルを撃ち落とすことはできるが、迎撃ミサイルの数には限界がある。圧倒的な数のミサイルを撃ち込む飽和攻撃を受ければ、どこかで尽きることは確実だ。また西側の迎撃ミサイルと、中国製のミサイルではコストの差が大きく、コスト面でも非対称が生まれる。

こうした相手に対しては「撃たせない」ことでしか抑止力を高めることはできない。

これまで日米同盟では「自衛隊が盾　米軍が矛」という安全保障構造だったが「安保3文書改定」によって、「3．防衛力整備計画」に射程3000キロメートルの「極超音速ミサイル」の開発・配備や長距離巡航ミサイル「トマホーク」の購入が記載された。

初めて日本が「矛」の能力を手に入れたということだ。ただし「撃つこと」ではなく中国、北朝鮮に「撃たせない」ことを目的とした「盾の延長線上の矛」である。

3文書改定の効果は価値観の違う周辺国と同盟国の反応で実証された。

2022年12月16日、中国外務省の汪文斌《おうぶんひん》報道官は、「中日両国関係で日本が約束したことや合意を無視して中国を中傷し続けている。断固として反対する」とし、外交ルートを通じて日本に抗議。同年12月20日、北朝鮮外務省は「日本の新たな侵略路線の公式化」と非難、「合法的な自衛権保有とはまったくかけ離れた、徹頭徹尾、他国を打撃するための先制攻撃能力」だと遠吠えた。

同月29日には、中国国防省の報道官が、中国を名指して「深刻な懸念事項」、「最大の戦略的な挑戦」としたことについて、

「事実をねじ曲げ、偏見に溢れ、中国の脅威を意図的に喧伝するものだ。中国の内政に干渉し、地域の緊張を作り出している」

とし、断固たる反対を表明した。特に北朝鮮は、攻撃能力に振り切った国防体制のためミサイル防衛手段がない。トマホークを撃ち込まれればなすすべがないということだ。

価値観の違う両国が「嫌がっている」ということは「安保3文書改定」は「効果的に機能している」ということを示している。

一方で2023年1月12日、ワシントンで開催された日米外務・防衛閣僚会合、いわゆる「2＋2」でアントニー・ブリンケン国務長官は、

「2027年までに防衛費を増額させる日本の決定を評価する。日本の戦略は、アメリカの国家安全保障戦略と密接に連携している」

と、評価した。

1987年の米ソ両国首脳会談で署名されたINF（中距離核戦力）全廃条約に基づい

て、アメリカは射程500~5500キロの地上発射型中距離ミサイルを保有してこなかった。この「すき間」をついて地上発射型中距離ミサイルを開発、生産してきたのが中国である。現在の中国は同ミサイルを約2200発以上保有しているとされ、日米と中国の間で「ミサイルギャップ」は問題となっていた。

しかし2019年8月、トランプ政権がINFの失効を選択。アメリカは再び同ミサイルの開発を進め、射程2700キロメートル超のLRHW(長射程極超音速兵器)の配備も近いとされている。

2023年現在、日本は射程1600キロメートル級のトマホークの購入を決定している。前述したが安保3文書の「3.防衛力整備計画」で、将来的には射程3000キロメートル級のスタンド・オフミサイル配備が求められている。

北海道から尖閣諸島までの距離は約3000キロメートル。尖閣諸島防衛用のスタンド・オフミサイルとして北海道に配備すれば、北朝鮮やロシアだけでなく、中国への強力な抑止力になる。3000キロメートルは、そのまま中国内陸部の基地を射程に収めることができるからだ。

すなわち日本はアメリカとの「共同反撃能力」を保有することになる。抑止力の大幅な向上ばかりか、ミサイルギャップの解消をサポートすることになるのだ。

「安保3文書」は日米同盟のさらなる深化と進化をもたらしたということだ。

特に中国共産党の対日戦略担当のテクノクラートに伝えたい。日本の安全保障整備はこれで完成ではない。後述するが、この「安保3文書」でさえ100点ではない。足らない部分について現政権と政権与党の自民党は一丸となってリファインに向けて動き始めている。

断言してもいいが、有事を起こしても、中華人民共和国の敗北と中国共産党の損失以外の結果はない。

「30+2対1」と「2対3」と「0対1」

「③同志国との連携の強化」が安全保障上の義務であることを示したのがウクライナ侵攻だ。

侵攻翌日の2022年2月25日、ロシア外務省は中立国のフィンランドとスウェーデンがNATOに加盟する動きを見せれば軍事侵攻する可能性があるとコメント。さらに同月

27日には、プーチン大統領は、「核兵器」を専門に扱う核抑止力部隊を厳戒態勢に移行するよう命令した。

フィンランドはロシアと約1300キロ以上にわたって国境を接している。

そのフィンランドは1939年〜40年のソ連との冬戦争で国土の約10％を喪失。第二次世界大戦ではソ連に対抗するためナチス・ドイツと共闘した。戦後は社会主義化を逃れたもののソ連の強い影響下に置かれ「中立」を維持する。1994年にEU加盟に合意したものの、NATOには加盟してこなかった。

2022年5月12日にフィンランドのサウリ・ニーニスト大統領と、サンナ・マリン首相がNATO加盟について、

「フィンランドはただちに加盟申請しなければならない」

とする共同声明を発表。同月15日には、NATOへの加盟申請に向けた報告書を採択したと発表した。

その翌日の同月16日、フィンランドの隣国に位置し200年も「中立国」を維持してきたスウェーデンがNATOへの加盟申請を決定したことを発表した。

NATOに加盟している国は30カ国。加盟したいずれかの国がロシアに攻撃されれば30

日本列島を取り巻く脅威ベクトル

カ国がロシアを攻撃する。

ロシアにとっては30対1の状況になっているということだ。

その安全保障機構にフィンランドとスウェーデンが加盟を申請したことで、30＋2対1の構図になっているのが2023年4月現在の状況である。

安倍元総理は繰り返し、

「日本ほど、地政学的に危ない場所にいる国はない」

と発言していたが、この正当性は同盟の構図を日本に当てはめればわかる。

アメリカと同盟を結んでいる日本は北側にロシア、中心部に北朝鮮、南側に中国という3つの価値観のことなる国に囲まれている。しかもその価値観の違う国はいずれも核兵器を保有しているのだ（前ページ図「日本列島を取り巻く脅威ベクトル」参照）。

ウクライナ侵攻ではウクライナの南側で国境を接するベラルーシとロシア2方向から攻撃が行われている。日本・台湾有事の際には最悪のケースとして、3方向からのアクションがあると考えるべきだ。

すなわち日本は「2対3」、同盟を持たない台湾は「0対1」の構図になっている危険な状況だ。

韓国には期待できない

「北朝鮮からの脅威については、『韓国』が間に挟まっているのではないか」と反論する人もいるだろう。確かに韓国には在韓米軍が配備され、西側と価値観が同じだとされている。

しかし地政学的に韓国は大陸国家側が中国・ロシア・北朝鮮、海洋国家側がアメリカ・日本という位置づけだ。その韓国では軍事独裁政権から民主化に移行した後でも大統領が保守、進歩派（左派）と入れ替わり続けている（次ページ上図「韓国歴代大統領の政治姿勢」参照）。

日本人の多くが共有していないポイントが、韓国政治と米中との「距離」の関係だ。韓国の進歩派政権は北朝鮮との宥和政策へと向かい、保守政権は分断政策というのが基本的な政治姿勢となる。韓国の軍事力は米韓同盟によって支えられ、アメリカは北朝鮮と対立している。この図式から韓国では、

保守→親米反北

韓国歴代大統領の政治姿勢

大統領名	就任期間	政治姿勢
盧泰愚	１９８８～１９９３	保守
金泳三	１９９３～１９９８	保守
金大中	１９９８～２００３	革新
盧武鉉	２００３～２００８	革新
李明博	２００８～２０１３	保守
朴槿恵	２０１３～２０１７	保守
文在寅	２０１７～２０２２	革新
尹錫悦	２０２２～	保守

韓国政権と国防費増加率の推移

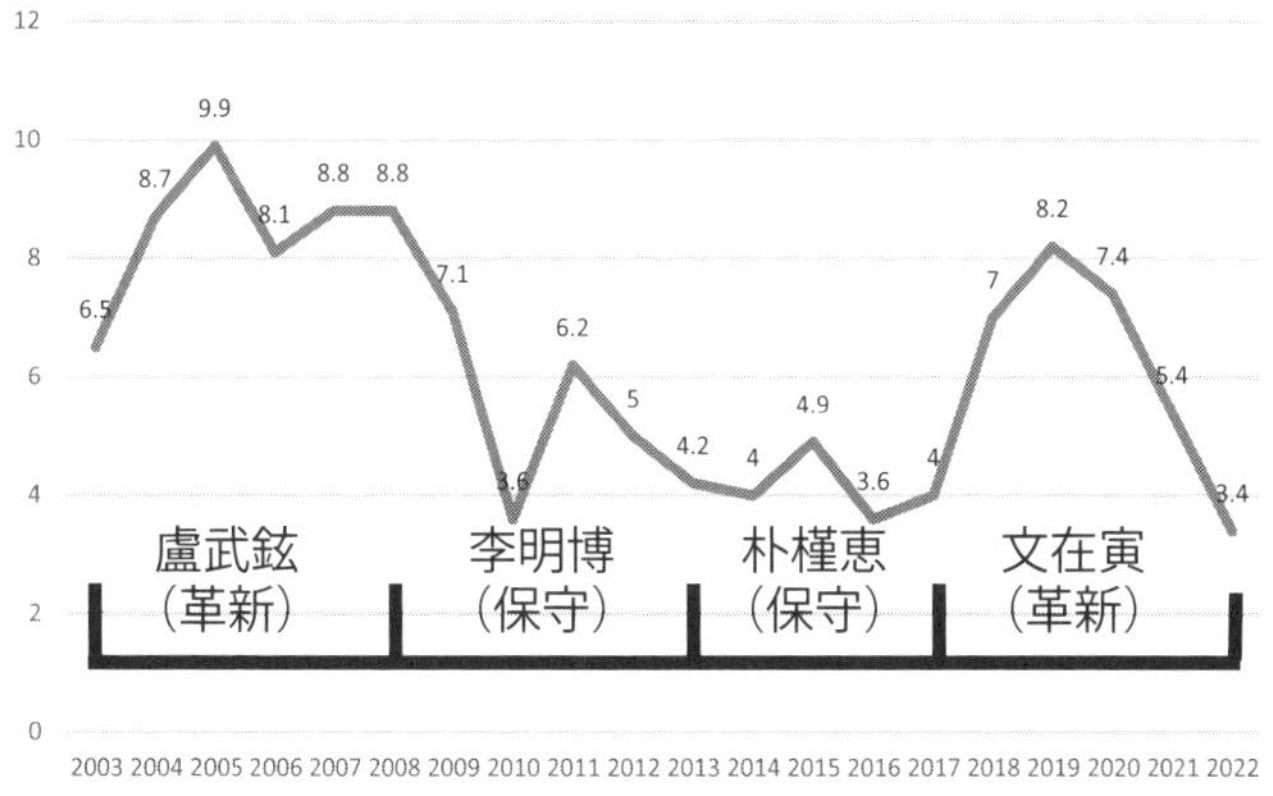

（韓国国防省HP「国防予算の推移」を元に作成）

革新→反米親北

という外交姿勢が生まれる。すなわち、韓国の外交姿勢は、政権姿勢によって大陸側と太平洋側に向かうということだ。

この図式が形になって表れているのは「国防費」である。アメリカから距離を置くということは、韓国が「自主防衛能力」を高めないと安全保障が守れない。日本人には意外かも知れないが、韓国ではリベラル政権の時には「軍拡」、保守政権の時には「軍縮」の方向に向かっていくのである（前ページ下図「韓国政権と国防費増加率の推移」参照）。

どれほど領空侵犯、主権侵害が繰り返されても、左派政党が「軍縮」を叫び続ける日本とはまったく逆ということだ。

大陸側に振り切った文在寅政権では、日本に対して異様としか思えないことを起こし続けた。特に2018年は「異様」の当たり年になった。

第二次世界大戦中に、日本企業で働いた労働者が「奴隷のように扱われた」として訴訟を起こしたいわゆる「徴用工問題」が起こった。1965年の日韓請求権協定で「解決済み」の問題だが、2018年10月30日に韓国の大法院は日本政府の請求権は解決しても、「個人の請求権は消滅していない」と判断。日本企業に賠償を求める判決を下した。

2015年の慰安婦問題日韓合意によって「最終的かつ不可逆的な解決を確認した」慰安婦問題も再燃した。合意後から韓国側は不誠実な対応を繰り返し、文在寅政権では合意の破棄を推進。

18年11月21日には、韓国政府で慰安婦問題を担当する「和解・癒やし財団」を解散し、事業を終了することを発表した。

さらに18年12月20日には、日本の排他的経済水域（EEZ）で、韓国海軍の駆逐艦「広開土大王」が、海上自衛隊の最新鋭対潜哨戒機「P－1」に対して火器管制レーダーを照射。責任を自衛隊側になすりつけようとした。

2023年3月6日、「徴用工問題」について尹錫悦政権は韓国財団が日本企業の賠償を肩代わりする対策を発表。メディアばかりか日本政府内にも「解決」という言葉を使う人がいるが、前述したようにもともと徴用工に「日韓問題」などなかったのだ。

韓国の国内問題を韓国政府が対応するというただ当たり前のことを、ことさら喜ぶ理由も必要もない。そうした日本国内の姿勢こそ、韓国が「次」の問題をひねり出す温床になっていることを、日本は学習するべきだ。

現在の、尹錫悦政権は保守だが韓国内の支持率は35％前後を漂っている。このことは、日本にとって韓国が同志国として完全に期待できないことを意味する。

だからこそより多くの「③同志国との連携の強化」が重要になってくるのだ。

戦闘機の共同開発と経済安保

2022年12月9日、「③同志国との連携の強化」を象徴する大きな発表が行われた。1つが、日英伊3カ国の首脳による、次期戦闘機共同開発協力についての「グローバル戦闘航空プログラムに関する共同首脳声明」。もう1つが、防衛省とアメリカ国防省による「次期戦闘機に係る協力に関する防衛省と米国防省による共同発表」である。

これは単に兵器を共同開発するという枠に留まらない。抑止力の向上と有事の際の連携に繋がる大きな意味を持つ。

日独伊の次期戦闘機共同開発から整理していこう。

日本の航空自衛隊が現在使用しているF－2が初飛行を行ったのは1995年のことである。

カタログスペックが正しいかどうかはともかく、すでに中国はレーダーなどに探知されにくいステルス性能を持った「J－20」を実戦配備。またロシアも高いステルス性能を持つとされる「Su－57」を実戦配備し、2021年7月にはロシア初となる単発ステルス戦闘機「チェックメイト」を航空展示会で公開した。

周辺国がステルス戦闘機を配備しているということで次期戦闘機「F－3」の開発が急がれるが、問題は日本独特の要求性能にある。

F－2はアメリカの傑作戦闘機F－16をベースに開発されているが、まったくの別物だ。日本は海洋国家なので、重い対艦ミサイルを大量に搭載しながら、高い航続能力を保有しなければならない特殊な性能が必要になる。空戦能力に特化したF－16をベースに開発された「F－2」が、戦闘機ファンから「対艦番長」と呼ばれるのはそのためだ。

このような特別な事情から同じ海洋国家であるイギリスとの共同開発が模索されていたのだ。

また兵器の供給源を1カ国に依存するのはリスクもある。政策や政変が起これば、供給が遮断してしまうからだ。日米の間には同盟関係があり、アメリカが日本を裏切ることはありえない。それでも、わずかなリスクにも対応できるようにするのは安全保障の基本中の基本である。

イギリスが現在使用している主力戦闘機「ユーロファイタータイフーン」は、ＥＵと共同開発したものだ。しかしイギリスは２０２０年のブレグジットによってＥＵと距離を置くことになった。そこで次期主力戦闘機の共同開発パートナーを模索していたのである。

すでに日本とイギリスは２０１３年に「日英間の防衛装備品等の共同開発等に係る枠組み及び情報保護協定」に署名。日英で戦闘機に搭載する新型空対空ミサイルの共同研究を行い、２０１７年に完了している。

現在、Ｆ－35への搭載が検討されているのが、ロンドンに本拠地を置くＭＢＤＡ社が開発中のアウトレンジ・スタンドオフ（打ちっぱなし）中距離空対空ミサイル「ＪＮＡＡＭ」だ。この「ＪＮＡＡＭ」は、この時の共同研究で得た技術が応用される見込みだ。

戦闘機の核心、エンジンについて２０２１年12月22日、イギリスのロールス・ロイスは日本のＩＨＩ（石川島播磨重工業）と新型戦闘機エンジンを共同開発することを発表した。

日本では高級自動車メーカーのイメージが強いロールス・ロイスは、民間用・軍事用の航空機、ヘリなどの傑作エンジンを作り続けてきたトップメーカーだ。

共同開発の土台になるのはＩＨＩが独自開発し２０１８年６月に防衛装備庁に納入され

たエンジン「XF9－1」である。F－35に搭載されている最新鋭のF135エンジンに近い性能を達成している。また、イギリスの巨大兵器メーカー、BAEシステムズは英語で「嵐」を意味する「テンペスト」の開発を2018年から開始している。

3カ国首脳の共同宣言は、ここにイタリアが参加した形だ。

問題になったのがアメリカとの関係である。アメリカにとって日本は同盟の相手国で、武器購入のお得意様だ。武器販売はアメリカの有権者に対して貿易摩擦や日米同盟の説明にもなる。

3カ国の共同開発は、アメリカを説得することで成立した。そうまでした理由は、要求性能の追求だけはなく「同志国との連携強化」を求めたからだ。

日本が有事になった際、戦闘機の中核であるエンジン供給が滞ることになる。有事の際には自国の安全保障を維持するために、イギリス、イタリアは日本側に立ってくれるということだ。イギリス、イタリアに何かあった時には、日本は両国側に立つということでもある。

武器供給を1カ国に依存するリスクは前述したが3カ国との共同開発によって、リスク分散とリスク共有が同時に成立することになるのだ。

もう1つ重要なのが日米の共同開発である。現在、アメリカはF－22、F－35などのステルス能力を付与した第5世代戦闘機を完成させ、第6世代戦闘機の開発を行っている。

この第6世代は自律型の無人機を子機として、有人の親機の戦闘をサポートする機能を持つことを目標としている。機械対ヒトの戦いをジェット戦闘機の分野で実現しようとしているのだ。すでにアメリカは自律型無人実験機「XQ－58・ヴァルキリー」を開発し、F－35などとの共同運用の試験を行っている。

日米の共同開発が目指すのは、この「子機」だ。

日英伊、日米の共同開発を同時に発表したことで、同盟国、同志国の連携を強くアピールすることができた。もちろんこうした連携は中国にとって最も望ましくないのだから、抑止力の向上を実現できたということだ。

装備面での連携が、安全保障面での連携に直結する。軍事面だけではなく民間でも「絶対に相手を見捨てられない」中核技術、中核部材の相互開発、相互供給によって同盟国、同志国の連携をますます深化させる必要があると言えるだろう。

ただし、この共同開発を通じた同盟国・同志国との連携の障壁になっているのが、機密取り扱い資格「セキュリティー・クリアランス」だ。

これは防衛だけではなく「経済安全保障」の枠組みの中でなければならない法制度だ。この「経済安全保障」体制を構築するためには外交がキーとなる。

もともとは安倍元総理が発案した、東アジア全体をカバーする安全保障理念だった。しかし2023年現在、ますます経済安全保障のハードルを上げている国がアメリカだ。輸出規制によるサプライチェーンの組み替えを通じて中国と西側とのデカップリングを加速している。

特に日本では対中依存度が高く、アメリカが主導する流れに未対応の企業も多く存在する。アメリカが本気の今、未対応の日本企業に何が起こるのか——次章では、「経済安全保障」について解説していこう。

第4章

分断する世界と経済安全保障

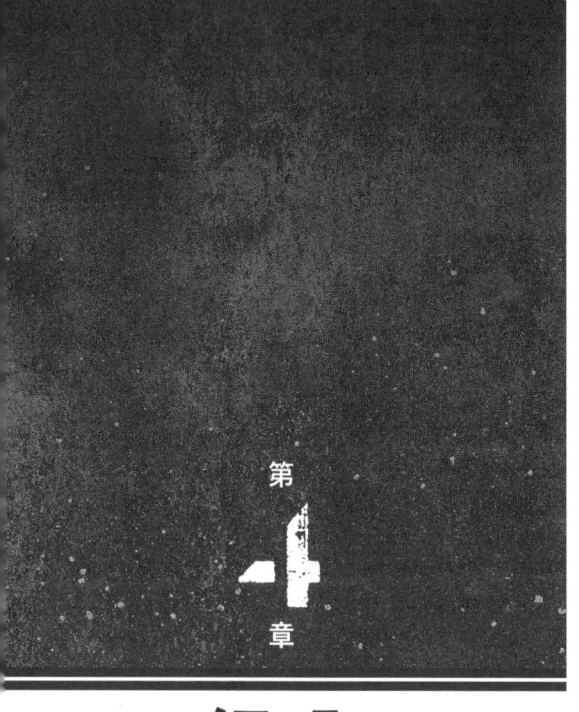

「安保3文書」改定が生んだ新たな関係

「安保3文書」は日本の抑止力を高める効果だけではなく、外交を通じた同志国との連携許可にも成果を上げている。

外務省が管轄するODA（政府開発援助）は非軍事に限定されていた。しかし「安保3文書」に「安保無償支援」が明記されたことで、非ODAによる防衛装備三原則に基づいた軍事支援が可能になったのである。

新制度の初適用国がフィリピンだ。2023年2月9日に岸田文雄総理とフェルディナンド・マルコス・フィリピン共和国大統領との日比首脳会談が行われ、適用が決まった。外務省はこの「安保無償支援」を2023年度予算案に20億円盛り込む予定だ。予算通過後、フィリピンへの支援額が決まる。

フィリピンに適用した理由は、次ページ図「安保無償支援をフィリピンに適用した意義」を見れば理解できるだろう。台湾・日本に侵攻しようとしている中国に対して、台湾南方に位置するフィリピンの地政学的価値は極めて高い。しかもフィリピンは中国との間

安保無償支援をフィリピンに適用した意義

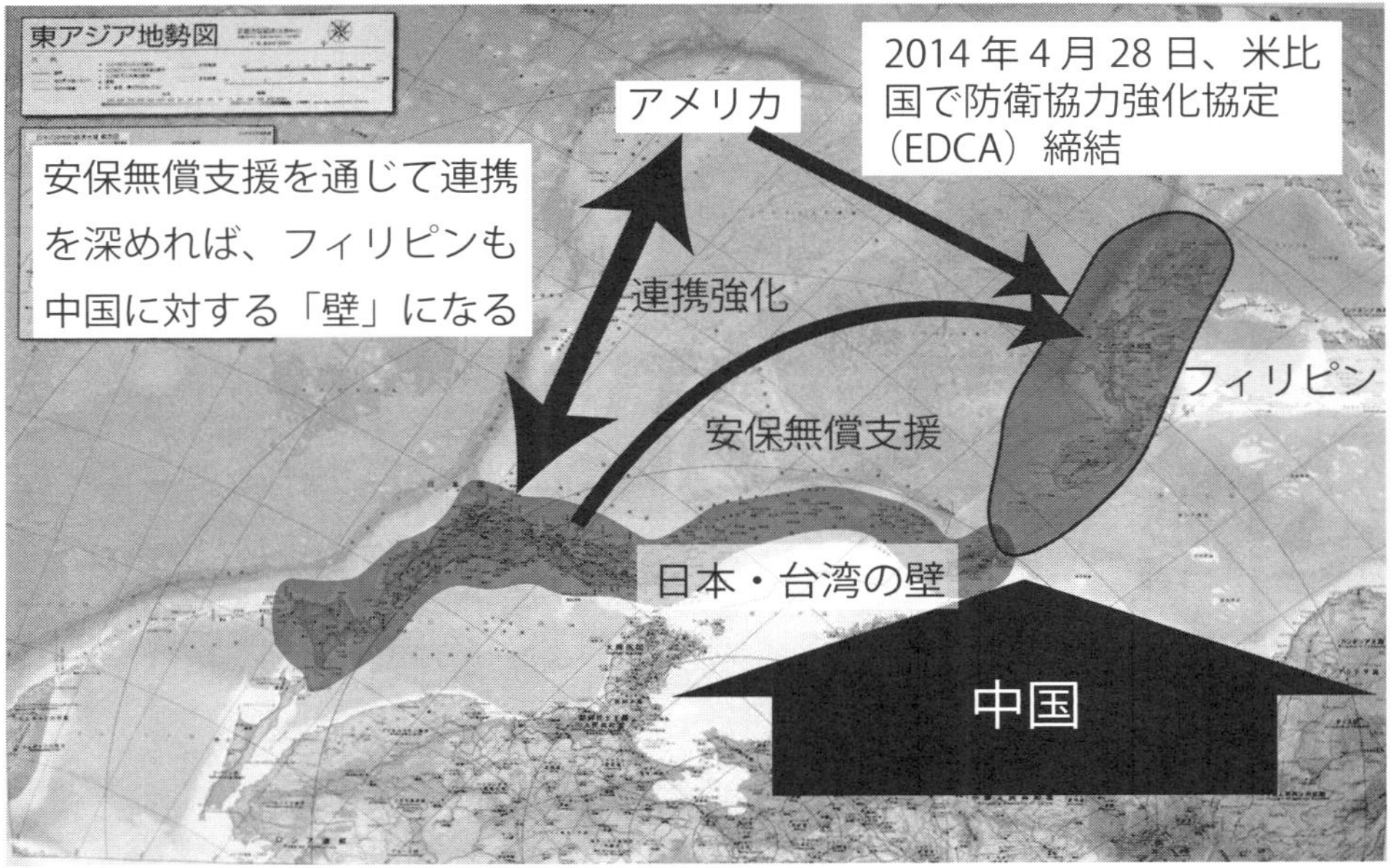
東アジア地勢図
安保無償支援を通じて連携を深めれば、フィリピンも中国に対する「壁」になる
アメリカ
2014年4月28日、米比国で防衛協力強化協定（EDCA）締結
連携強化
安保無償支援
フィリピン
日本・台湾の壁
中国

で南沙諸島の領土問題を抱えている。

アメリカは2014年に対中強硬派のベニグノ・アキノ3世大統領時代にフィリピンとの間で防衛協力強化協定（EDCA）を締結した。ところが2016年に親中派のロドリゴ・ドゥテルテ大統領が就任し、米比関係は思ったように前進しなかったのである。

2022年に反中派のマルコス大統領が就任したことで、一気に連携が深まっている状況だ。日本がフィリピンを支援することで、日米連携を示すこともできる。

ただし、諸手を挙げてこの「安保無償支援」を賛成できない理由が「防衛装備移転三原則」の「障壁」だ。

もともとは1967年に佐藤栄作総理が、①共産圏諸国、②国連決議による武器禁輸対象国、③国際紛争の当事国またはそのおそれのある国には武器輸出を認めないとした「武器輸出三原則」が土台になっている。

1976年に三木武夫総理が三原則の「武器」を「軍隊が使用し、直接戦闘の用に供されるもの」と定義。①三原則対象地域への武器輸出を認めない、②それ以外の地域も武器輸出を謹む、③武器製造関連設備の輸出も武器輸出に準じる、として、武器輸出を事実上禁止にした。

歴代政権では例外が認められることがあったが、2014年4月に安倍元総理が「防衛装備移転三原則」を閣議決定。緩和されたものの、殺傷能力を持つ武器輸出は2023年3月現在、依然、輸出禁止となったままである。

このことは有事の際の相互支援の問題にも関係する重大なトピックである。次章で改めて解説しよう。

345の包囲網

外交を通じて多国籍間で「インド太平洋」を中心に経済連携、軍事連携を構築し中国を封鎖する動きは2023年3月現在も、ますます加速している。

香港出身の国際政治学者、林泉忠氏は中国に対する包囲網を「345中国包囲網」と名づけた。「3」はAUKUS（豪英米軍事同盟）、「4」はQUAD（日米豪印戦略対話）、「5」はファイブ・アイズだ。

ファイブ・アイズから整理して行こう。

1946年にアメリカとイギリスは通信・電波の傍受による情報収集活動施設の共同利

用に関する秘密協定、ＢＲＵＳＡ（Britain とU.S.A の略）協定を締結。１９５４年にはこの協定をＵＫＵＳＡ（United Kingdom とU.S.A の略）に改称。１９４８年にカナダ、56年にオーストラリアとニュージーランドといった大英連邦の国が加盟した。

世界を監視する５つの目ということで「ファイブ・アイズ」と呼ばれている。

イギリスは日本のファイブ・アイズ入りに前向きな姿勢を見せている。日本国内でも加盟して「ファイブ・アイズ＋１」になれるのでは……という待望論がある。だが現実的には難しい。というのは、ファイブ・アイズは英語圏で秘密を共有し守ろうというインテリジェンス同盟だからだ。

アメリカやイギリスがインテリジェンス能力に長けている理由は第1章で前述した。言葉の問題だけではなく、スパイ防止法さえない日本には情報管理の法整備が追いついていない。加えてインテリジェンスの世界はギブ・アンド・テイクが基本だが、対外インテリジェンス能力が限定されている日本はテイクだけでギブがないので、他国には魅力がない加盟の可能性が見えてくるのは、こうした法整備や体制ができた後ということになる。

「３４５包囲網」は軍事・経済・情報を交えた「ハイブリッド連携」だが、安倍元総理の発案が極めて大きく寄与している。

はじまりは2006年9月26日から2007年9月26日まで続いた第一次安倍政権が掲げた「価値観の外交」「自由と繁栄の弧」に遡る。2006年11月30日に当時の第一次安倍政権下の麻生太郎外務大臣が講演で、

「第一に、民主主義、自由、人権、法の支配、そして市場経済。そういう『普遍的価値』を、外交を進めるうえで大いに重視してまいりますというのが『価値の外交』であります。第二に、ユーラシア大陸の外周に成長してまいりました新興の民主主義国。これらを帯のようにつなぎまして、『自由と繁栄の弧』を作りたい、作らねばならぬと思っております」

と、第一次安倍政権の外交方針を具体的に説明した。

北欧から中東、インド、東南アジアを経て日本まで、ユーラシア大陸南部を「弧」を描くように共通の価値観に基づいて平和と発展に協力するという外交戦術だ。この「自由と繁栄の弧」も目指したものは、地政学で説明できる。

地政学の開祖とされるイギリスの地理学者で政治家のハルフォード・マッキンダーはユーラシア大陸の中核部を「ハートランド」と名づけ、その防衛のために敵対国との間に緩衝地帯を設営する重要性を主張した。

その後、オランダ系アメリカ人、ニコラス・スパイクマンがランドパワーとシーパワー

の間で紛争が起こっていることを発見。北西ヨーロッパから中東、インドシナ半島までの東南アジア、中国大陸、ユーラシア大陸東部に至るユーラシアの沿岸地帯を「リムランド」と名づけた。「リムランド」は「ハートランド」を覆っていて、スパイクマンは「ハートランド」防衛のために「リムランド」を防衛しなければならないとした。

ユーラシア大陸内陸部の安定——これが「自由と繁栄の弧」が目指した範囲だ（次ページ図「自由と繁栄の弧、地政学、セキュリティ・ダイヤモンドの概略図」参照）。念頭にあったのはリムランドに位置する価値観の違う国、ロシアと中国だ。特に２０００年代に入ってからの中国は版図拡大の意図を徐々にむき出しにしていった。

そして２００７年、安倍元総理が、この「自由と繁栄の弧」をさらに純化させ「自由で繁栄するインド太平洋構想」をインド議会で提唱。広大な範囲の価値観外交を、弧の頂点であるインドを中心としたものに置き換える。

この「自由で開かれたインド太平洋（「Free and Open Indo-Pacific」略して「ＦＯＩＰ《ホイップ》」）という外交理念の画期的な点は「インド太平洋」を国際戦略の中心点としたことだ。「ＦＯＩＰ」以前のアメリカは地球を太平洋と大西洋に分けて国家戦略を構築していた。しかし太平洋と大西洋を繋ぐ「インド太平洋」を中心地としたことでヨーロッパ、ＡＳＥＡＮ、

自由と繁栄の弧、地政学、セキュリティ・ダイヤモンドの概略図

環太平洋諸国、ユーラシア沿岸部国を連携させることができるのである。

こうして07年に日米豪印による日本、アメリカ、オーストラリア、インドの「民主主義」という価値観を共有した4カ国による「日米豪印戦略対話」が設立された。

ただし、当時の国際社会で、中国のどん欲な素顔を見抜いていたのは第一次安倍政権下の日本だけだったこともあり「日米豪印戦略対話」は国際社会でも目立たない存在となっていたのである。

そして、2012年12月26日に第二次安倍政権が発足。翌27日、再び総理となった安倍元総理はチェコに本拠地を置く国際的な言論機関「プロジェクト・シンジケート」のサイトに、「Asia's Democratic Security Diamond」(アジアの民主主義　セキュリティ・ダイヤモンド)と題した論文を寄稿する。

この頃にはすでに中国は南沙諸島を実効支配するなど領土・領海の拡張姿勢を隠さなくなっていた。このままではインド太平洋は、いずれ中国によって閉じられてしまうという危機意識を周辺国が持つようになったのだ。

そこでFOIP(自由で開かれたインド太平洋)具現化のために、日本、アメリカ、オーストラリア、インドの「民主主義」という価値観を共有した4カ国の連携強化の必要性が求められるようになった。

地理的に四角形の形で「安全保障」を形成するので「セキュリティ・ダイヤモンド構想」と名づけられた。日米豪印戦略対話も「Quadrilateral」（＝四角形）を略して「QUAD」と呼ばれるようになっている。

このように、日米豪印が連携して中国のパワーを分散させることが重要なのだ。中国側も「多面戦」に引きずり込まれてパワーの分散をしなければならないことがわかっているので、「連携」を嫌がるのである。

鍵はインド

「FOIP」のキーになる国がインドである。インドと中国はヒマラヤ山脈周辺で国境問題を抱えながらも、インドにとって最大の貿易相手国が中国という複雑な関係だ。

インドの外交理念は非同盟主義だった。2012年11月からASEAN10カ国と日豪韓、中国、ニュージーランド、インドの6カ国で「RCEP」（地域的な包括経済連携）の交渉が始まった。インドが最終的にRCEPを離脱したのも非同盟主義及び対中貿易懸念が理由だ。したがって、アメリカとインドの間には通商分野で議論する場が乏しい状況だった。

しかしインドが印中国境で何らかのアクションを起こせば、中国は東の台湾だけでなく、南のインドにも対応せざるを得なくなるのだ。

また中国のミサイル防衛体制は東側に向けて高度に整備されているものの、南側に向けてのミサイル防衛体制は未整備の状況である。

アメリカ軍はインド洋のディエゴガルシア島を巨大拠点としている。中国のミサイル防衛体制を考えれば、このディエゴガルシア島に中距離ミサイルを置くだけで、状況はまったく違ったものになる。ところが中距離ミサイルを発射する際にはインド上空を通過しなければならないということで、インドの了承が必要になるのだ。

そのインドとアメリカを通商面や経済安全保障面で結びつける枠組みがQUADだ。QUADが「軍事協力体制」を前面に押し出さず、4カ国の「対話」を看板に掲げているのも中国と複雑な関係にあるインドの立場を考えたからだ。「対話」ゆえにQUADを通じて米印は通商面も含めた多くの議論をすることができるということになる。

2021年3月12日にはオンラインでQUAD首脳会談が開かれ、東南アジアを中心としたアジア諸国にワクチン10億回分を2022年末までに供給することで合意した。アメリカの製薬メーカー、ジョンソン・エンド・ジョンソンが開発したワクチンをインドの製薬会社バイオロジカルが製造することが決定する。

インドにメリットを提供しながら、ワクチン供給を通じてASEANでのQUADのプレゼンスを上げるという意図だ。中国による「ワクチン外交」への対抗策ということでもある。インドはIT大国ということで、「最先端技術」の分野でもワクチンと同様のことが行えないかも話し合われた。

2021年9月25日にはアメリカでQUAD首脳会合が開かれ、同会合を毎年開催することで合意し、2022年5月24日に東京でQUAD首脳会合が開催された。

これによってアメリカとインドは常に対話を行う関係になったということだ。アジア太平洋全体の安定のために非常に大きい意味を持っているといえるだろう。

オーストラリアへの「静かなる侵略」

2021年9月15日、オーストラリア（Australia）、イギリス（United kingdom）、アメリカ（U.S.A）の3国が軍事同盟を発足することを発表した。同盟は3カ国の頭文字をとって「AUKUS」（オーカス）と名づけられている。

オーストラリアはQUADの参加国で日本にとっても重要なパートナーだ。AUKUSには、日本の安全保障に直接関係すること、学ぶべき外交姿勢が内包されている。

オーストラリアは内政と安全保障の両面で「中国」という問題を抱えていた。2008年にオーストラリアで資源ブームが起こり、同年、中国による直接投資が急速に膨らんだ。

オーストラリアはかつて排他的な国だったが1950年代から徐々に白豪主義（オーストラリアにおける白人中心主義）を弱めていき、70年代には多文化主義へと転換して現在に至る。直接投資とともに大量の中国人を受け入れ、中国との貿易関係を強化し続けた。

中国政府は直接投資やオーストラリアの対中貿易額というチャイナマネーだけではなく、豪国内での影響力も増大させ続けた。

大量のチャイナマネーを受け入れた大学には中国共産党の価値観が導入され、中国と敵対する研究や思想を大学側が抑制することになる。中国の影響力拡大は内政にも広がった。

2015年にダーウィン港の民営化が行われたが、落札したのは中国・山東省に本拠を置くエネルギーインフラ企業の嵐橋集団（ランドブリッジ）だった。ダーウィン港は商業港でありながら、南極の安全保障に対するオーストラリアの重要な軍事拠点で、アメリカ海兵隊の拠点でもある。連邦制のオーストラリアでは地方自治体に強大な自治権が認められているが、中国政府が地方自治体に多大なメリットを与えることで拠点を商業面から支配してしまったということだ。

この中国政府の浸透工作は2018年にクライブ・ハミルトン氏が『Silent Invasion:China's Influence in Australia.＝サイレント・インベージョン～オーストラリアにおける中国の影響～』を上梓したことで世界中に知られることとなった。同書は台湾、日本、韓国で翻訳されている。

原子力潜水艦と外交

AUKUSの協定で最も大きな具体的トピックの1つが、オーストラリアの原子力潜水艦保有支援が盛り込まれたことだ。潜水艦はオーストラリアの悩みの種だった。現在、オーストラリアは6隻のスウェーデン製の潜水艦、コリンズ級を保有しているが、就役は1996年と極めて古い。

強力な水圧によって圧縮と膨張を繰り返す潜水艦の劣化は早く、日本ではおおむね15年が耐用年数とされている。私は2012年の第二次安倍政権で防衛大臣政務官を務めたが、その時に、自衛隊による潜水艦救難訓練が行われた。オーストラリアもコリンズ級を出したが「本当に来るのか」と心配したほどだ。無事に日本に到着したものの、老朽化は見た目にも明らかで海上自衛官たちも、

「本当に、救難訓練を行って、実際にオペレーションしたらどうなるんでしょう。この船に乗りたくないのが正直な気持ちですよ」

と不安を口にしていた。実際にその時は訓練を行う相模湾沖に行くのは難しいということで、横須賀に泊まったままということになったが。

一方で2000年代に入ってインドネシアや中国などオーストラリアの周辺国は潜水艦増強の時代へと入る。インドネシアのすぐ南側にあるクリスマス島は、オーストラリアの領土ということでコリンズ級の老朽化は、喫緊に対応しなければならない重要な問題となった。

日本の「そうりゅう型」とフランス製潜水艦が競り合ったが入札の結果、オーストラリアでの現地生産を約束していたフランス製の潜水艦が選ばれることになる。

だが、AUKUS結成直前まで製造に向けた進展は事実上、停滞していた。

ＡＵＫＵＳではオーストラリアがどのような原潜を入手するのかも話し合われた。豪は8隻の原子力潜水艦をアメリカとイギリスの協力を得て入手することになる予定だ。当初は、アメリカの原潜を「つなぎ」として購入。その後、イギリスの設計をベースに、アメリカの部品や改良を施した新造艦を装備する。原潜には核弾頭を搭載したＳＬＢＭ（submarine-launched ballistic missile の略で潜水艦発射弾道ミサイル）を運用できる戦略型原潜と、主に海中海上索敵、対艦、対潜水艦などに運用される攻撃型原潜があるが、オーストラリアには攻撃型原潜の導入が決定した。

原潜のターゲットは中国

オーストラリアは「今」そして「なぜ」原潜を導入する必要があるのか——その答えは中国が一部を実効支配し進出を計画している「南シナ海」への進出である。

原潜のメリットは長期間の作戦が可能な点だ。ディーゼル発電型のように浮上してシュノーケリング（換気）をせずに深い場所に留まり続けることができる。浮上は潜水艦のステルス性を失う瞬間なので、長期潜航できた方がより優位に行動できるということだ。

アメリカは攻撃型、戦略型を合わせて合計68隻の原子力潜水艦を保有している。太平洋からインド洋をカバーしているのは第7艦隊だが、通常このエリアには8〜12隻程度しか振り向けることができない。

対する中国は性能の善し悪しはともかく、66隻の潜水艦を保有している。このうち原潜は11隻だが、2030年には原潜を倍にするとされている。中国原潜の中でも、2007年から就役が確認された「晋(ジン)級」は「かなり性能がいい」というのが世界の安全保障関係者の評価だ。晋級は「JL-2」という約8000キロメートル飛翔するとされるSLBMが12基搭載されている戦略原潜だ。

「JL-2」は南シナ海からアメリカ本土までは到達できないものの、米軍のインド太平洋戦略の拠点があるグアムは射程範囲に入る。そればかりか、南シナ海からアメリカ本土まで届く「JL-3」を開発中である。また中国は「グアムキラー」と呼ばれる射程約5000キロメートルの地上発射型中距離弾道ミサイル「DF(東風)-26」で、南シナ海からグアムまでをカバーしている。

何より南シナ海周辺でアメリカと中国の水上戦闘艦を比べても、数的には中国の方が上だ。水上戦闘艦の数的優位性を打開できるのは攻撃型潜水艦しかない。

南シナ海に振り向ける潜水艦の数が限られている米軍。そしてインド洋を含む広範な海域をカバーしたいオーストラリア。両者の思惑が合致した上、南シナ海を含む作戦行動には原潜が適任ということで、導入が決定したのである。

潜水艦問題でわかる外交の暗喩

原潜保有に踏み切ったオーストラリアだが、激怒したのは、結んでいた潜水艦建造契約を破棄されたフランスだ。ただし、そのフランスの「したたか」なやり方、またイギリスの外交テクニックには学ぶべきところが大きい。

2021年9月17日に、フランスは駐米・駐豪大使の一時的な召還決定を発表した。外交における強い「怒り」のメッセージだが、なぜか駐英大使だけが召還されていない。というのも実は今回のAUKUS、そして原潜導入において裏側で一番動いたのがイギリスだからだ。

2021年6月11日からイギリスでG7（主要7カ国先進国首脳会議）コーンウォールサミットが開かれた。このサミットのメイントピックとなったのが中国への対抗策だった。

開催国のイギリスはG７にオーストラリア、韓国、インドを加えた「D10」あるいは南アフリカを加えた「D11」を提唱。「D」はデモクラシー（Democracy）の意味で、民主主義国家の新たな連携構造の構築提案はアメリカが発案したものだ。

このようにイギリスは中国の対抗政策を積極的に訴えかけたが、サミットの裏側ではイギリスのボリス・ジョンソン首相（当時）がAUKUS結成とオーストラリアの潜水艦導入について動いていたのである。

アメリカとオーストラリアを「舞台裏」で結びつけたイギリスの外交戦術も大きく学ぶところがあるだろう。フランスもこのことを知っているはずなのだが、イギリス大使は召還しなかった。その理由を問われたフランス側は、

「イギリスは、馬車の５番目の車輪だ」

と答え、レストランでまずい料理が出されたら文句を言う相手はシェフであって、「皿洗い」ではないと続けた。フランス側がいわんとしていることは、フランスにとってイギリスは「皿洗い」程度で、馬車の５番目の車輪同様に、あってもなくても関係ないということである。

日本人にはわかりにくいが、ヨーロッパの中でフランスとイギリスは強いライバル関係

だ。大使を召還するということは強いメッセージであると同時に、「重要な役割を働いた国」として認めることになる。イギリスのプレゼンスを上げたくないフランスは、わざとイギリス大使を召還せず、平然を装うことで「強い侮蔑」のメッセージを送ったということだ。

AUKUSの裏にあるJAUKUS

安全保障パートナー3カ国によるAUKUSに日本も参加することを望む声がある。実現すれば「JAUKUS」（ジョーカス）となり「ジョー・バイデン」の「ジョー」や、「切り札」（ジョーカーズ）的な意味を持たせることもできるだろう。

しかし安全保障は一面的ではなく、多面的な構築を考えて行われなければならない。実はASEAN諸国はAUKUSに強い警戒心を抱いている。ミャンマー、ラオス、カンボジアは中国と地理的に近い距離にある。マレーシアやシンガポールは経済面で中国の存在を無視できない。こうした国々が求めているのは南シナ海の安定だ。AUKUSによって軍拡競争が引き起こされASEANが巻き込まれることを懸念しているのである。

ＡＳＥＡＮに対するプレゼンスは、日本のストロングポイントの１つだ。あまりにも露骨に対中包囲網を前面に押し出せば、ＡＳＥＡＮが距離を置いてしまうリスクが生まれる。ヨーロッパを引きつけるという意味でも、日本はインドを含めて経済安全保障という部分を前面に出しながら、うまく立ち回る方がいいというのが私の主張だ。実際にＦＯＩＰとＱＵＡＤでは中国を名指しせずに、中国を包囲する構造が構築できている。

日本の外交政策には必ずしも中国に正しいメッセージを送っていない場合があることは事実だ。その都度、私はメディアやＴｗｉｔｔｅｒを通じて提言を発信するようにしている。ただし「弱腰」という非難が集まる対応の中には、「まだら外交」をしなければならない側面もあることはご理解いただきたい。

それは日本以外の各国も同様だ。その上で日本はＱＵＡＤやＴＰＰで中心的な役割をしなければならない。非常に難しい舵取りを日本がやらなければＦＯＩＰの拡大・安定化は実現できないのである。

ＦＯＩＰ安定化に向けた動きの１つが自衛隊と他国の軍隊がお互いの国で共同訓練を行う際の法的な地位などを定めた、円滑化協定（ＲＡＡ＝Reciprocal Access Agreement の略）の締結だ。日米間では地位協定が結ばれて、米軍が公務で来日した際に事故が起こった時の法的扱いが取り決められている。

２０２０年11月に行われた日豪首脳会談では、日本とオーストラリアとの間で円滑化協定を締結することが大筋で合意した。21年中も交渉が行われ、オーストラリアが廃止した死刑制度についての調整が行われ、２０２２年１月６日に、岸田総理とモリソン首相（当時）が日豪円滑化協定の署名式を行った。

イギリス海軍は２０２１年５月から12月まで、最新鋭空母「クイーン・エリザベス」を中心とした空母打撃群をインド太平洋方面に派遣していた。この７カ月間で日本、シンガポール、韓国、インドなど40カ国に寄港し、連携を強めている。

この派遣期間中の同年10月７日には日本政府とイギリス政府の間で円滑化協定締結に向けた初交渉をオンライン形式で実施した。日英円滑化協定の締結交渉開始には、イギリス側からの要請が大きく寄与した。

そして２０２３年１月12日、英国を訪問中の岸田総理とリシ・スナク首相との間で、日英部隊間協力円滑化協定への署名を行った。

豪・英とＲＡＡを締結したことで、ＡＵＫＡＳと日本は次ページ図『ＡＵＫＵＳと「Ｊ」の関係と効果』のような立体的な構図になっている。日本が豪・英を側面から支えるジョ

AUKUSと「J」の関係と効果

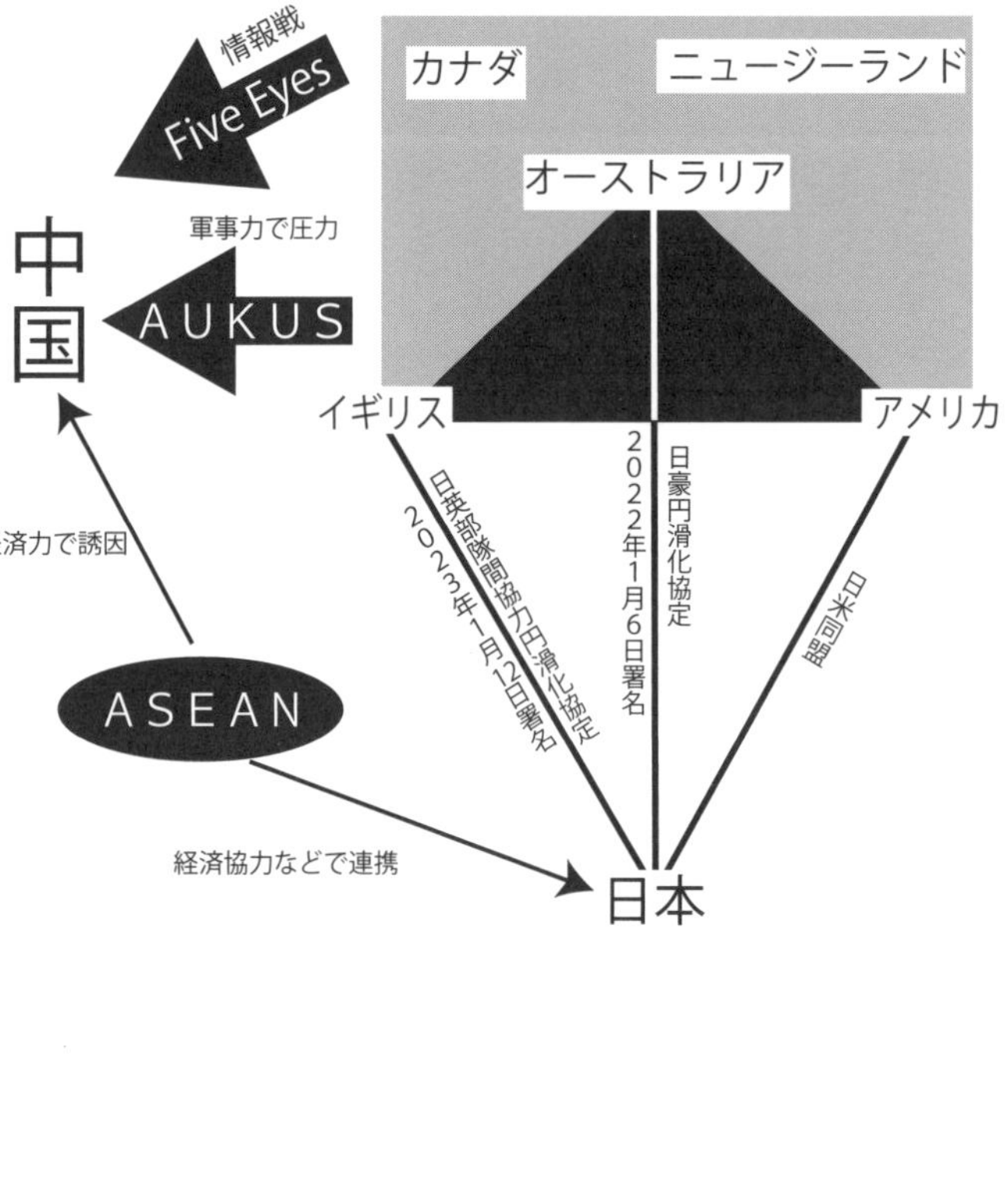
情報戦
Five Eyes
カナダ
ニュージーランド
オーストラリア
軍事力で圧力
中国
AUKUS
イギリス
アメリカ
経済力で誘因
日英部隊間協力円滑化協定
2023年1月12日署名
2022年1月6日署名
日豪円滑化協定
日米同盟
ASEAN
経済協力などで連携
日本

ーカー化したことで、「345包囲網」は情報・軍事・経済を多層的に繋ぎ合わせたハイブリッドな連携体となったのだ。

メガFTAによる中国包囲網

AUKUS結成を裏側から働きかけた外交先進国、イギリスはメガFTA「TPP」への加盟を希望している。そこで「TPP」について整理していこう。

TPPは「Trans-Pacific Partnership Agreement」の略で正式には「環太平洋パートナーシップ協定」と訳され、オバマ政権下の2015年に起草された。前述した習近平国家主席の「太平洋二分割構想」への対策として、オバマ政権では安全保障面で「リバランス」が行われ、中東などに展開していた部隊をアジアに再配置させた。TPPも対中国リバランス政策の一環で、経済面での中国包囲網という意味合いが強かったのだ。

TPPを主導したのは発案者のアメリカで2016年2月には12カ国が署名した。ところが2016年大統領選で「TPP離脱」を公約に掲げたドナルド・トランプ氏が勝利。翌17年1月にトランプ氏が大統領に就任すると、アメリカは離脱を宣言した。

ただしこの「離脱」というのは恒久的な意味ではない。ＴＰＰには脱退規定が設けられていない上、すでにアメリカは署名をしている。バイデン大統領が議会に要請して、議会が批准すればアメリカはＴＰＰに復帰することができるということだ。

アメリカの離脱宣言後、ＴＰＰはルールを再設定しなければならなくなった。アメリカに代わってリードしたのがＴＰＰ参加国で第二の経済大国である日本だった。安倍晋三元総理が主導して、ＴＰＰの20項目をアメリカの復帰まで「凍結」することで合意。新名称としてＣＰＴＴＰ（Comprehensive and Progressive Agreement for the Trans-Pacific Partnership の略で、環太平洋パートナーシップに関する包括的及び先進的な協定）を併用することとした。

２０１８年3月にはアメリカを除く11カ国による署名が行われ、現在では「ＴＰＰ」あるいは「ＴＰＰ11」という名称で報じられることが多くなっている。

ＡＵＫＵＳ、ＱＵＡＤ、ファイブ・アイズの３４５にこのＴＰＰ11を加えた「３４５＋11」が、新たな対中包囲網体制として期待されている。これを図式化したものが、次ページ図「ＦＯＩＰとハイブリッド連携」だ。

複雑で見にくいという印象を持つのは当然で、それほど多層的なハイブリッド連携構造が出来上がっているのである。

FOIPとハイブリッド連携

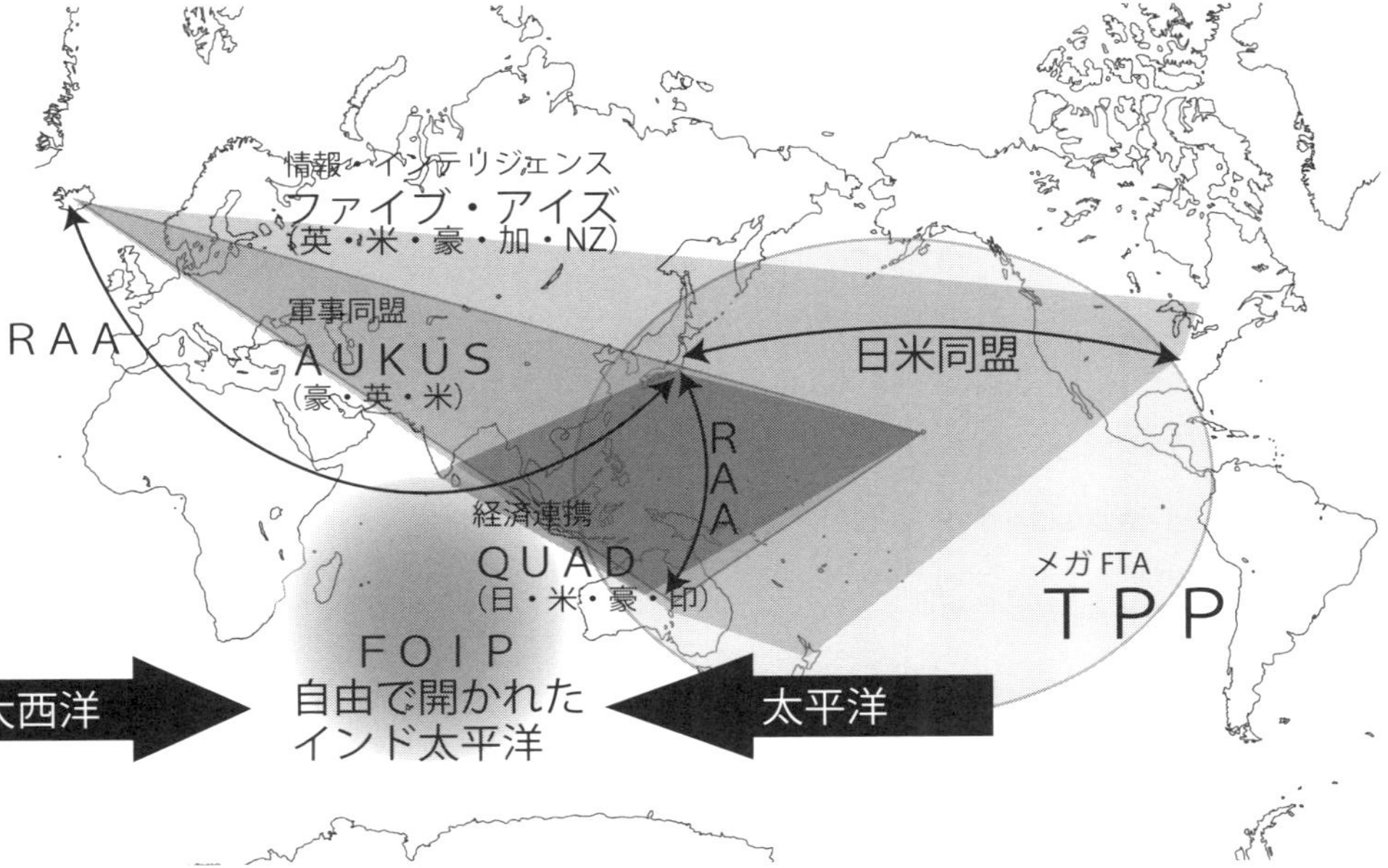

TPPにイギリスが加盟

しかし2021年、TPPを巡って事態は大きく動く。

まず2021年2月にイギリスがTPP加入を正式に申請し、同年6月から加入交渉が始まった。ところが同年9月16日には包囲されるはずの相手だった中国が加入を正式申請。その6日後の22日には台湾が加入を正式申請したのだ（次ページ図「TPP加入を巡る動き」参照）。

中台間の緊張は前述したが、TPP加盟国は中台どちらを選ぶのかの「踏み絵」を踏まされる形になってしまったのだ。ただし加盟国のうち1カ国でも反対したら、中国であれ台湾であれTPPに加盟することはできない。

AUKUSの件で私は、日本がイギリスのように振る舞うべきだとした。この「踏み絵」についてもアメリカにTPPに復帰してもらって、アメリカから中国の加入申請に「ノー」を突きつけるのが最も安全で効果的な断り方だ。

2021年9月23日開かれた日米韓外相会談では、日本側からアメリカ側へTPP加入

TPP加入を巡る動き

TPP12
米主導:12カ国署名
批准:日本・ニュージーランド

↓ アメリカの離脱

TPP11
日本主導：11 カ国署名
批准：日本・ベトナム・シンガポール・カナダ・オーストラリア・ニュージーランド・メキシコ・ペルー
未批准：マレーシア・ブルネイ・チリ

2018年3月	TPP11署名（同年12月発効）
2021年2月	イギリスが加入を正式表明
2021年6月	イギリスの加入交渉開始
2021年9月16日	中国が加入を正式表明
2021年9月22日	台湾が加入を正式表明

を働きかけた。

TPPに参加した場合のアメリカのメリットは「絶対」だ。経済規模が最大の国は、自分に有利なルールを作れるのだから環太平洋にできた経済圏を仕切ることができる。それがわかっているので中国は参加を表明しているのだ。

もちろんアメリカ側もそのメリットと戦略的意義を理解している。実際、アメリカの実業界の中でもTPP加入を望む声は強く、水面下で「日本側からバイデン大統領に参加を強く推してくれ」という依頼が来るほどだ。とはいえ、民主党の票田の1つは労働組合だ。TPPによる安価な部材の輸入によって雇用機会が奪われるという危機感を持った中間層を取り込む選挙戦術によって、TPP参加に踏み込めないでいる。

2022年中間選挙でもアメリカ共和党、民主党の支持率は拮抗していることが明らかになった。共和党が下院を取ったことで、バイデン大統領は復帰に前向きではない。

このようなアメリカの状況にあっては、今のところは日本が主導するしかない。

TPP加入手続きの流れは、
①加入申請
②TPP委員会で加入手続きの開始が決定された場合③へ

③加入作業部会第1回会合
④委員長承認
⑤各国での国内手続
と定められている。①の申請はどの国でもできるが、すでに批准している8カ国のTPP委員会の決定（②）によって③に進むことができる。2021年2月に加入申請したイギリスは、同年6月TPP委員会で加入手続きの開始が決定された。2022年2月段階では③へと進むために8カ国での調整が行われているが2023年中には加盟が承認される見込みだ。

台湾と中国は2023年3月段階で①にいるが、問題はイギリスと中国と台湾のどこが先に加盟するかという順番だ。経済的なパイを大きくするという意味では中国が入った方がTPPのメリットにはなる。ただし、もともとTPPは経済ルールに基づいた協定だ。はじめにあるのは「ルール」であり、経済的なメリットは次の議論でなければならない。

イギリスが批准してさえしまえば、イギリスは中国の加盟に「ノー」と判断することは間違いない。

中国が先にTPP入りすれば台湾が入ることができないどころか、アメリカの復活もなしになる。最もよい手段は、中国への返事を保留し、②に留め続けることだと私は考えている。最大で約3年は時間稼ぎができるだろう。

その間に台湾を入れてしまえばよいのだ。台湾を先に加盟させれば、中国は激怒するだろう。だが怒りの矛先は8カ国以上なのだから、新たな反中連携を生むことになるだけだ。

アメリカの経済制裁・輸出規制のメカニズム

バイデン政権がＴＰＰ加盟に前向きではないことは前述したが、その一方で、アメリカ主導の対中輸出規制は強化の一途を辿っている。２０２２年、アメリカは産業のキーパーツである「先端半導体」の対中輸出を禁輸した。

このことを理解するために、アメリカの輸出規制の仕組みを整理するところから始めよう。

２０１８年の米中貿易戦争開始以降、アメリカは中国に対して「モノ・テクノロジー」に規制を科してきた。あまりにも多くの品目、業種、企業、分野に対して行ったため非常に複雑なように見える。

しかし制裁の全体像を俯瞰するための基本は2つだ。それは、
①「カネ」に対する「SDN」
②「モノ・テクノロジー」に対する「EL」（エンティティリスト）
である。アメリカで経済制裁を管轄する省庁は商務省（BIS）、財務省（OFAC）、国務省（DDTC）、国務省（ISN）だ。各省庁が独自に「ブラックリスト」を作成し、それに基づいて「規制」や「制裁」が行われている。省庁ごとの経済制裁の内容をまとめた表を「アメリカ政府による制裁一覧」（次ページ）に掲載した。

日本の行政機構は「縦割り」だがアメリカにも同様の部分があり、制裁が各省庁間でバラバラであることが制裁の複雑化を生んでいる。この中で特に重要な鍵になるのが財務省の「SDNリスト」に基づいた金融制裁と、商務省のELに基づいた輸出規制という「モノ」に対する制裁だ。

「SDN」とはSpecially Designated Nationals And Blocked Personsの略で直訳すると、「特別指定国民及びブロック対象者」となる。

アメリカ財務省は隷下にインテリジェンス機関の外国資産管理局（OFAC）を設置している。このOFACはテロリストや犯罪組織を調査し「SDNリスト」に入れて、金融

アメリカ政府による制裁一覧

リスト名	内　　　容	管轄省庁
Denied Persons List (DPL)	EAR 違反禁止顧客リスト。違反により輸出権限を剥奪されている企業・個人を指す。原則として、EAR対象品目（直接製品を除く）の輸出・再輸出に係わる、掲載企業との取引は禁止されている。	商務省(BIS)
Unverified List	未検証エンドユーザーリスト。米国政府が許可前のチェックや許可証を使用した輸出の出荷後検証を実施することができない組織のリストを指す。不正転売やWMD(大量破壊兵器) 拡散のリスクの観点で警戒を要する。	
EL (Entity List)	WMD(大量破壊兵器) 拡散懸念顧客や米国の安全保障・外交政策上の利益に反する顧客等のリストを指す。掲載企業に輸出するにはEAR99製品も許可要の場合がある。	
SDN リスト (Specially Designated Nationals List)	国連制裁国、米国禁輸国、テロ支援国の政府関係機関、関連企業等の企業・個人のリストを指す。違反者リストではないが、掲載企業・個人への米国人の関与を禁止している。また、テロ組織や大量破壊兵器拡散者（NPWMD）なども掲載されており、これらの掲載者向けにEAR規制対象品目を輸出・再輸出する場合にはBISの許可が必要である。	財務省(OFAC)
Debarred List	武器輸出管理法（AECA）違反禁止顧客リスト。ITARの下で輸出権限を剥奪されている企業・個人のリストを指す。EAR規制対象品を輸出することは禁止されてはいないが、警戒を要する。	国務省(DDTC)
Nonproliferation Sanctions	各種の制裁法に基づく指名者を指す。個別に連邦官報で公表される。まとめたリストはない。	国務省(ISN)

制裁の対象としているのだ。

その対象は個人だけではなく、法人などの組織に及び、リスト入りした人物、組織は世界中の金融機関の口座が凍結される。

リスト入りするとどうなるのか——2020年6月30日、中国政府は香港の「一国二制度」を事実上破棄する香港国家安全維持法を成立、即日に施行した。これに対してアメリカでは同年7月1日と2日、アメリカ下院、上院が相次いで中国に対する制裁法案「香港自治法案」を全会一致で可決。同年7月14日には当時、トランプ大統領（当時）が署名して同案を成立させた。

この香港自治法では、香港の自治、人権の侵害を行った対象者をSNDに指定し、セカンダリーボイコット（二次的制裁）を行う。SDN指定された対象者と取引すれば、その取引銀行もドル決済禁止となり、国際金融取引ができなくなる。銀行役員「個人」も二次制裁の対象に含めたことで、金融機関の役員個人も「テロリスト」と同じ扱いになるという極めて強い制裁だ。

「香港自治法」が対象とするのは中国系だけではなく、「香港の自治、人権侵害にかかわった」世界中のすべての銀行ということになる。制裁が科せられた銀行はドル取引が停止するのだから、破綻は必至だ。制裁を実行される前に、金融機関はSDNに指定された人物の口座を停止して返金するほかない。

2020年8月7日、香港国家安全維持法の執行等に関与したことや香港の自治を脅かしたこと等を理由として11人の個人をSDNに指定。その一人が、当時の香港の行政長官であるキャリー・ラム氏だ。

キャリー・ラム氏の行政長官時代の年収は521万香港ドル（約7000万円）とされていたがテレビインタビューで、「自宅には現金の山がある。政府からの給与は現金で受け取っている」とし、「日々のあらゆる支払いを現金で行っている」と明かした。

2022年5月8日には香港行政長官選挙が行われ、政務官だったの李家超（ジョン・リー）氏が新たな香港の行政長官となったが、李氏もSDNに指定されている。したがって現金だらけの環境で不便な生活を送っているということだ。

「制裁」レベルの複合規制

「カネ」への制裁と並行して「モノ」への制裁・規制はアメリカ商務省が「ECRA」と

いう法律によって作ったEL（エンティティリスト）に基づいて行われる。ECRAはアメリカの対中輸出規制の根拠となっている法律で、2018年に成立し、2019年から運用が始まった。

もともと軍事転用が可能となる品目の輸出については、アメリカ商務省産業安全保障局（BIS）がEARというルールによって管理していたが、トランプ政権がEARをより厳格化してECRAを成立させた。

ECRAは、EARに恒久的な法的根拠を与えると同時に、既存の輸出規制ではカバーし切れない新しいハイテク技術（新興技術・基盤的技術）のうち、アメリカの安全保障にとって重要な技術を輸出規制する。

アメリカ商務省は、ECRAに基づいてEL（エンティティリスト）に掲載し、輸出規制をかける。2019年5月、ファーウェイと関連114社を、国家安全保障や外交政策上の懸念がある企業や個人を指定。ELリストに記載した。

アメリカ企業は、このELに掲載された企業との取引を禁じられる。外国企業も、EL掲載企業に対して、アメリカ原産技術が25％以上含まれる製品を提供（再輸出）した場合、アメリカ企業と取引ができなくなる仕組みだ。

この取引禁止となるアメリカ原産技術の含有比率は対象によって変動する。テロ支援国向けでは10％超、特定対象は少しでもアメリカ産技術が入った場合、制裁対象となるのだ。

加えてECRAでは、これらの新しいハイテク技術の輸出規制とは別に、

・包括的武器禁輸国に対する輸出、再輸出
・国内移転についての許可要件の見直し
・大量破壊兵器の開発に転用できる品目の輸出管理を目的としたエンドユース規制の見直し
・軍事エンドユースの支援を目的とした活動または機能を担うあらゆる個人・機関への輸出管理

を定めている。EARで規定された一定品目の輸出・再輸出・国内移転は、用途が民生であっても、軍事エンドユーザー規制が適用され、許可が必要とされているものの不許可が原則となっているのだ。

商務省のEL、軍事エンドユーザーリストに掲載されると、アメリカ人及びアメリカ産技術を用いた製品は取引できない、または取引に際して商務省の特別な許可が必要になる。

この場合の「アメリカ人」とは、米国籍を保有するアメリカ市民、永住権を有する外国

籍者、又は移民帰化法に基づいて保護されている一時居住外国人、亡命者、難民等と広範だ。またアメリカ企業、さらにはアメリカ企業が運営するインデックスファンドなどからも対象となった企業を排除する必要がある。また当該企業が含まれるインデックスファンドに「アメリカ人」などが投資できなくなるのだ。

ところがこの制裁は、中国に対して有効に機能しているとはいい難い側面があった。前述したように習近平国家主席が「軍民融合」という国家戦略を主導していることで、軍事・民間の区分けが付かない構造になった。民間企業が輸入し、軍事に転用することが常態化していたのである。

そこでアメリカは「規制」と言う名称の制裁——事実上の「先端半導体禁輸」に踏み切った。

「軍民融合」戦略が半導体の禁輸に繋がった

2022年10月7日、BIS（アメリカ商務省）は半導体、スーパーコンピュータ関連を中心としたEARを大幅に規制強化することを発表。同月21日から施行した。規制発表

の際、BISの輸出管理担当、アラン・エステベス商務次官が、

「同盟国やパートナー国との調整を継続しながら、中国の脅威に確実に対処するため、今回のEAR改正を実施した」

と述べているように、これは「西側」からの事実上の先端半導体の対中禁輸措置である。

今回の規制強化の対象企業はアメリカ本国に留まらない。
・アメリカ原産品目を第三国から輸出する
・アメリカ原産品が25％以上含まれている品目を第三国から輸出する
・アメリカ製の技術、ソフト、機器などを使って製造した機器を第三国から輸出する
のいずれかに該当する場合BISの許可が必要になる直接製品規制になるからだ。アメリカ製の半導体製造装置や設計ソフト等を使って台湾、韓国、日本で製造した半導体の対中輸出についてBISの許可が必要になったのである。

この規制は2020年5月からファーウェイと関連企業向けに初めて適用された。そしてウクライナ侵攻に対するロシア・ベラルーシ向けの軍事関連企業に広範に適用され、今回は中国の半導体、スパコン向けに適用されたのである。

その特徴を輸出規制に詳しい一般財団法人　安全保障貿易情報センター（CISTEC）

2022年BIS規制強化の特徴

①	1994年のCOCOM解散後、最も強い規制で、むしろ「禁輸制裁」と呼ぶべきほどの内容
②	先端半導体分野、スパコン分野という特定重要分野について、特定の指定企業だけでなく、それらを開発・製造する企業全般を、純粋民生用途であっても禁輸対象とした
③	先端半導体開発・製造企業だけでなく、それ以外の半導体開発・製造企業に対しても、一定の試験装置・検査装置・製造装置、材料、ソフトウェア、技術の輸出を要許可として、原則禁輸とした
④	アメリカ企業だけでなく、非米国企業の米国以外からの輸出も含めて包括的に輸出規制対象とした
⑤	中国にある韓国、台湾等の西側外資企業の半導体工場向けの輸出も規制対象とした
⑥	アメリカ企業・アメリカ人（永住権者を含む）による、中国の先端半導体の開発・製造への一切の関与が禁止された

のデータを元に、前ページ表「2022年BIS規制強化の特徴」にまとめた。

この規制は対象の輸出、再輸出、同一国内移転の禁止を定めているということで、対共産圏輸出統制委員会COCOMが1994年に解散して以降、初となるほどの強力なものだ。しかも軍事用やファーウェイなどの特定の企業ではなく開発、製造する企業も含めて広範にカバーしている。

その理由は、繰り返し解説している「軍民融合」にある。もはや中国企業は軍事、民生の区分が困難な状況にあることから「全体」への準禁輸となった流れだ。

しかもこの規制は、SDNのセカンダリーボイコット同様にアメリカ以外の国の企業にも適用される。まさに「西側」全体が中国に対して半導体、スーパーコンピュータ関連の製品、技術供給を包括的に遮断したのだ。

さらに規制は中国国内の外資系企業の半導体工場向けの輸出も対象にしている。これまでスマートフォンや自動車のメーカーは工場周辺に部材の工場を設置し「製造団地化」するサプライチェーン構造を構築していたが、そのキーデバイスである半導体が生産できなくなったのだ。

日米台韓の「Chip4」で中国と分断

日本、韓国、台湾、オランダ等、半導体の生産能力がある国はそれぞれ得意分野がある。先端半導体を中国が入手することを不可能にするため、工場の製造設備のメインテナンスを禁止し、半導体の設計ソフトを使用禁止にし、アメリカ人技術者の就業禁止などの働きかけを強めている。

まさに対中半導体包囲網の構築だ。

当然のことながら、今回の規制強化は日本に大きな影響を与える。というのは2022年3月、アメリカ政府は、日本・アメリカ・韓国・台湾による半導体同盟「Chip4」構想を打診。同年7月にはバイデン大統領が「Chip4」の実務会議を翌8月に開催することを通知した。同年7月29日に初開催された日米経済政策協議委員会では、次世代半導体開発について日米同盟をスタートすることが決定している。

並行してアメリカ政府は米国内での半導体助成金についての法整備を急速に進めた。2022年7月にはアメリカ上院、下院で「チップスプラス法（CHIPSと科学法）」が成

チップスプラス法の概要

省庁横断の運営委員会の設立	ブライアン・ディーズ国家経済会議（NEC）委員長、ジェイク・サリバン大統領補佐官（安全保障）、アロンドラ・ネルソン科学技術政策局長代行を共同議長として政府高官が委員	
優先事項の設定	納税者の税金の保護	資金援助などの申請に対して、コンプライアンスと説明責任に基づく精査
	経済と安全保障上の必要性を満たす	米国の生産性と競争力を引き上げる国内の製造能力を構築することで半導体の外国依存を軽減し、経済と安全保障上のリスクに対応
	半導体分野での長期的なリーダーシップを確保	未来の産業での米国の長期的なリーダーシップを確保するための半導体の研究やイノベーションのためのダイナミックかつ協力的なネットワークを構築
	地域の製造・イノベーションクラスターを強化・拡大	多くの企業に利益となるよう、半導体関連の地域的な製造・イノベーションクラスターの拡大、創出、連携を円滑化
	民間投資の促進	政府が生産、ブレークスルー技術、労働者への大規模な民間投資を最大化するために、資金的なインセンティブを与える
	幅広い利害関係者と地域への利益を生み出す	スタートアップや労働者、マイノリティー、退役軍人、女性が経営する事業や地方事業を含む社会的・経済的に不利な事業、大学、州や地域の経済に対して利益を生み出す

立。同年8月9日にはバイデン大統領が署名した。さらに同月25日にはバイデン大統領がチップスプラス法実施の大統領令に署名している。

同法は中国との技術競争力強化のための総額約2800億ドル（約37兆4826億円）もの巨額の予算を認める法律だ（前ページ表「チップスプラス法の概要」参照）。

前述したBISによる半導体の対中禁輸は、この「チップスプラス法」と連動する形で公布された。したがって、半導体の対中禁輸で4カ国が足並みを揃えることは確定的といえるだろう。

半導体、スーパーコンピュータ関連については日本独自の技術であっても外為法の輸出管理の対象になることになる。

こうした時、中国は「技術を持ったヒト」を輸入することで、補塡を行ってきた。技術者や研究者に莫大なカネを支払って中国に移住させ、技術を移転させるというやり方だ。

ところが今回のBIS規制には、

「Restricts the ability of U.S. persons to support the development, or production, of ICs at certain PRC-located semiconductor fabrication "facilities" without a license（アメリカ人がライセンスなしに、中国にある特定の半導体製造施設でのICの開発または生産を支援する能力を制

限する）」

という一文が盛り込まれた。「アメリカ人」の定義については前述したが、「アメリカ人」は指定された関連製品を輸出・移送するのはもちろん、口頭を含む一切の技術提供、その他の支援等の関与ができなくなった。

このことで中国の半導体メーカーや装置メーカーに勤務するアメリカ人が、中国を大量離脱したことが複数の海外メディアで報じられている。

「IC Insights　Wafer Capacity at Dec-2020-by Geographic Region」のデータを元に産出すると日米韓台の半導体の生産能力は、世界全体の実に70・2％に達する。

特に台湾人技術者、研究者は中国の半導体工場のメインとなっている開発者、オペレーターを務めている。この台湾人技術者、研究者が中国から引き上げた場合、中国の半導体工場の多くが稼働不能になる可能性が高い。

さらに、これからアメリカは自国の覇権優位を確実にするために、中国に対して半導体技術だけではなくバイオサイエンス、量子技術、ＡＩ等の「ハイテク封鎖」を強化していくことも確実視されている。

近年のアメリカ主催のサプライチェーン関連多国間会議

2021年10月	サプライチェーン首脳会議	15カ国・地域
2022年6月	鉱物安全保障パートナーシップ閣僚級会議	12カ国
2022年7月	サプライチェーン閣僚会合	18カ国・地域が参加
2022年9月	IPEF（インド太平洋経済枠組み）閣僚会合	14か国
2022年9月	Chips4予備会議	日米韓台

アメリカ主催の
サプライチェーン関連多国間会議に参加した国・地域

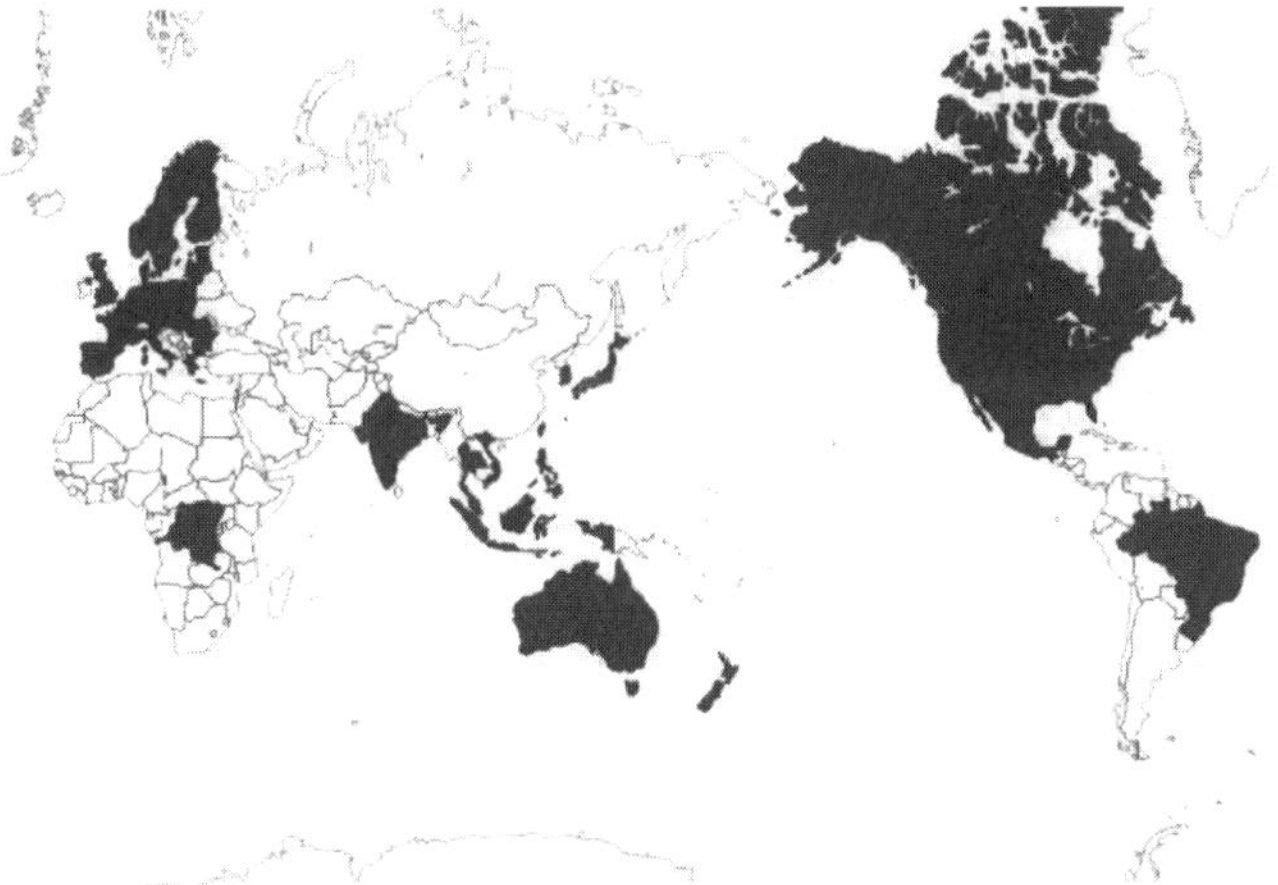

（公安調査庁「内外情勢の回顧と展望　2023年1月」より）

セキュリティー・クリアランス

ＴＰＰに戻ることに前向きではないアメリカだが「Ｃｈｉｐ４」と並行して２０２２年5月23日、日本を含む13カ国と「インド太平洋経済枠組み（Indo-Pacific Economic Framework for Prosperity を略して「ＩＰＥＦ」）を発足させた。

発足段階での参加国はアメリカ、日本、インド、ニュージーランド、韓国、シンガポール、タイ、ベトナム、ブルネイ、インドネシア、マレーシア、フィリピン、そしてオーストラリアで、後にフィジーが参加し２０２３年3月段階で14カ国となっている。

ＩＰＥＦの発足がバイデン大統領の訪日に合わせたため、日本もＡＳＥＡＮ諸国等に働きかけてメンバー国増加に尽力。特にＲＣＥＰ不参加のインドが急遽ＩＰＥＦの参加国になったことは、ＩＰＥＦがＴＰＰと連動した「対中経済包囲網」として機能させるという点で大きな意味を持つ。

生産やテクノロジーのアップストリームに位置する半導体を規制することで、中国にモノを作らせない、技術を開発させないというのがアメリカの戦略だ。そこでアメリカはサプライチェーンの再構築に向けて、同盟国・同志国との連携を強化し続けているのである。前々ページ図「近年のアメリカ主催のサプライチェーン関連多国間会議」を見れば、戦略の方向性が「インド太平洋」に向かっていることがわかるだろう。

この動きの中で重要になるのがルール作りだ。

アメリカは自らの「覇権」を脅かす者は絶対に許さない。たとえ共和党であれ、民主党であれ、誰が大統領であれ。日本経済が高度経済成長期からバブル経済へと移行し成長し続けた時、アメリカが標的にしたのは日本だった。

軍事でいえば「F－2」は、その典型的な落とし子だ。独自開発を目指していたものの、日米の政治交渉によってF－16をベースにした共同開発となる。「F－2」自体は優れた戦闘機になったが、その見返りに当時、日本企業が持っていた最先端独自技術である「ガリウムヒ素結晶技術」や「フェイズドアレイレーダー」を提供した。

現在ではこの技術は中国に渡り軍事技術に転用され日本を苦しめている。

貿易交渉では日本の基幹産業だった自動車を、日米半導体交渉では「産業のコメ」として世界のシェアをほぼ寡占した半導体を、日米構造協議では護送船団と参入障壁によって守っていた企業文化を、アメリカは次々と打ち破っていった。

この「日米半導体交渉」によって日の丸半導体は転落した。今度は「中国と戦うために協力しろ」というのだから、普通の日本人なら愚痴の1つもコボしたくなる。

アメリカ側は時に、在日米軍を交渉カードに使ってきた。日本はソ連の脅威に対抗するための防衛力をアメリカに依存する代わりに、経済を犠牲にしていたということだ。経済成長が著しく、軍民融合によって軍事面でもアメリカを脅かしつつある中国は現在のアメリカのターゲットである。だからといってアメリカ任せの対中戦略は非常に危険だ。アメリカがどれほど中国に投資しビジネスをしているのか。現在でこそウイグルの人権問題で中国を攻撃しているが、アメリカ系企業がどれほどウイグルで儲けたかを考えれば、アメリカを信じ切ることのリスクは自明の理である。

重要なのはたとえアメリカ主導であっても、日本にとって圧倒的に不利なルールを作らせないことだ。その交渉カードとしてTPPなど日本主導の経済安全保障の存在は重要になる。

冷戦構造崩壊後、日本も急速なグローバル化を進めた。他国と違うのは参入する外資に対する防衛のための法整備をしなかった点だ。ようやく「経済安全保障推進法」が成立したのは2022年5月11日のことである。この間、どれほど多くの日本独自の技術が海外に流出し、中国にコピーされてきたのか……。

この「経済安全保障推進法」で見送られたのがセキュリティー・クリアランスだ。アメリカを中心に西側が結束している現在、なければならない制度である。

「セキュリティー・クリアランス」とは、民間企業の機密や最先端技術にアクセスできる個人承認制度だ。日本以外の先進国では政府が個人に対して特定機密を扱う資格を与えて、機密情報へのアクセスを保証することが当たり前になっている。

その資格取得のためには個人に対する調査が必要になる。海外では現住所、生年月日、氏名、学歴、職歴はもちろん、国籍、海外渡航歴、犯歴、懲戒歴、薬物使用や精神疾病の有無、アルコールの依存度。また海外の国に買収されるリスクがあることから、金融機関の信用状況や家賃、ローンの現状、本籍、帰化歴の有無、旧姓、通称ばかりか家族や親族の氏名や国籍、家族や親族が海外でどのような活動をしたのかなども含めてかなり高範囲の身辺調査が行われて、初めて特定秘密に触れる資格を得ることができるのだ。

これほどの個人情報は国や行政でなければ扱えない。ゆえに法整備が必要である。

もちろんこれは資格取得を個人が望めばのことであって、拒否すれば調査は行われない。最も厳しいのはアメリカだが、アメリカと特定情報を扱う共同研究を行う場合、日本人にも同じレベルのセキュリティー・クリアランスが要求されるのである。前述した戦闘機の共同開発にも「セキュリティー・クリアランス」が必要だ。

もちろんこれは日本独自の技術開発の流出を防ぐためのものである。立ちはだかるのは「人権派」を自称する人たちの壁だが、SNSによって大量の個人情報を自発的に発信している時代だ。本人了承がなければ調査されない制度になぜ反対するのか理解に苦しむところではある。

このセキュリティー・クリアランスについての有権者への説明と、法整備は安全保障にとっての喫緊の課題と言えるだろう。

グローバルサウスの争奪戦

このように世界はG7を中心とした民主主義・自由主義陣営と中国・ロシアを中心とした権威主義陣営に分断されつつある。

日本企業の中には中国依存度が極めて高く、中国国内の日本企業の拠点は3万と言われている。そこで考えなければならないのが、「東芝機械COCOM造反事件」だ。

1987年、東芝機械が伊藤忠商事とダミー会社を通じてソ連に工作機械を売却したことが、関係者の密告によってアメリカ政府に暴露された。この機械は船のスクリューを加工できるもので、東芝機械も伊藤忠商事もCOCOM違反であることを知りながら、輸出をしていた。

ソ連を仮想敵国としていたアメリカは、日本から輸出された工作機械によってソ連の潜水艦のスクリュー音を探知する能力が、著しく低下したと主張。外交問題に発展した。アメリカ議会では東芝ばかりでなく日本からの「対米輸出禁止」といった強力な規制法案が乱発されたが、東芝側は猛烈なロビー活動を展開して致命的な制裁をどうにか逃れた。当時はアメリカの対日貿易赤字が膨らみ続けて、日本に対して危機意識を抱いていたことで、政治的問題化したことが問題の根底にある。この事件以降、日本の安全保障輸出管理が本格的に開始されたのである。

この旧冷戦時代のソ連のように、必要な「モノ」を第三国を経由して入手するのは常道手段だ。実際に、ウクライナ侵攻によって経済制裁を科せられたロシア、そしてアメリカによる輸出規制を続々と強化されている中国は、第三国経由での輸出入を模索している。

その経由地になっているのがグローバルサウス、すなわち地球の南側に多く存在する開発国である。

またロシアとの連携も日を追うごとに強化されている。経済制裁によって日本をはじめとする西側の自動車メーカーはロシアから撤退した。撤退した日本をはじめ、西側の自動車工場の代わりに中国社の製造販売が盛んになっている。2022年は中露の貿易額が、過去最高の約24兆円まで膨らんでいる。

ウクライナ侵攻に対する経済制裁で、ロシアはほどなく窮乏するはずだったが、そうはなっていない。街の店舗に設置している商品棚には西側の商品が溢れている。

供給を断たれたロシア政府は、並行輸入を合法化、小売業者が商標所有者の許可なしに海外から商品を持ち込めるよう物流を整備したからだ。

2022年4月19日、ロシア産業商務省はロシアへの並行輸入を認めるブランド名及び商品リストを承認。日本メーカーが関係しているものを抜粋したのが、ジェトロが作成した次ページの表「ロシア政府が承認した日本関連並行輸入製品リスト」だ。

文字が潰れて読めないことは承知している。理解して欲しいのは、すでに、これほど多くの日本製品がロシアの制裁に関与させられてしまっている現実だ。

民間レベルの受発注で活躍するのがInstagramなどのSNSである。ロシア国内から在

ロシア政府が承認した日本関連並行輸入製品リスト

表　民法第1359条6項および第1487条の規定が適用されない商品（商品グループ）のリストのうち日本企業・ブランドについて言及があったもの

関税分類番号（EEU TNVEDコード）および（または）商号・商標	品目名
2504 90 000 0 Panasonic	天然黒鉛
4011 Michelin, Goodyear, Continental, Bridgestone	ゴム製の空気タイヤ（新品）
6805 10 000 0 Hermes, Yamaha, 3M, Pazzarotti, SOG, Bauer, Karcher, Contitech , Megadyne, Timesavers, Bando, Gates	研磨用素材
8207 19 900 9, 8207 40, 8207 60, 8207 50 600 0, 8207 70,8207 80, 8207 90 Epiroc, Sandvik, Atlas Copco, Berg , Botek, BTA, Ceratezit, Domler, Eltool, Faro, Garant, Hasmer, Kennametal, Ruhm, Seco, Walter, Sumitomo , Mitsubishi, Tungaloy, Kyocera	手工具用または加工機械用の互換性工具
8407 Cummins, Deutz, MTU, Detroit Diesel, Kubota, Hyundai D4BF, Toyota, Nissan, Volkswagen, O.M.V.L. S.p.A., Valtek S.p.A., Ecomotive Solutions s.r.l., Volvo	ピストン式火花点火内燃機関
8408 Cummins, Deutz, MTU, Detroit Diesel, Kubota, Hyundai D4BF, Toyota, Nissan, Volkswagen, O.M.V.L. S.p.A., Valtek S.p.A., Ecomotive Solutions s.r.l., Volvo, Scania	ピストン式圧縮点火内燃機関
8409 Volvo, Scania, John Deere, Caterpiller, Cummins, Deutz, MTU, Detroit Diesel, Kubota, Hyundai D4BF, Toyota, Nissan, Volkswagen, O.M.V.L. S.p.A., Valtek S.p.A., Ecomotive Solutions s.r.l.	上記内燃機関の部品
8412 Cummins, Deutz, MTU, Detroit Diesel, Kubota, Hyundai D4BF, Toyota, Nissan, Volkswagen, O.M.V.L. S.p.A., Valtek S.p.A., Ecomotive Solutions s.r.l., Sodalis d.o.o., Siemens, Caterpiller	原動機
8413 Cummins, Deutz, MTU, Detroit Diesel, Kubota, Hyundai D4BF, Toyota, Nissan, Volkswagen, O.M.V.L. S.p.A., Valtek S.p.A., Ecomotive Solutions s.r.l., Grundfos, Weir Minerals Netherlands B.V., Flygt, Metso Minerals, Abel	液体ポンプおよび液体エレベーター
8415 81 001 0, 8415 90 000 Vertiv, Daikin, Hisense, Kasco Marine, Siemens	エアコンディショナー
8428 10 200 2, 8428 33 000 0, 8428 90 Maha, Flexowell, Kellve, Continental Industry Contitech, Rema Tip-Top,Toyota, Kion Group, Nacco Industries, Jungheinrich, Crown, Mitsubishi, Kalmar, TCM, Nissan	積込み用又は荷卸し用の機械とその部品
8431 10 000 0, 8431 20 000 0, 8431 39 000 0, 8431 41 000 0, 8431 43 000 0, 8431 49 Paus, Liebherr, Terex, Sandvik, Volvo, Nerab, Maha, GHH, Sandvik, Caterpillar, Komatsu, Atlas Copco, Rammer, CMMEMTD, Terex, Boomer, CMS, DDM, Dressta, BobCat, Siemens, LFM, Maschinenfabrik Koppern GmbH & Co.KG, Aumund	
8443 31 800 0, 8443 32 100 9, 8443 99 900 0 HP, Canon, Epson, Xerox, Brother, Hewlett Packard Development Company L.P.	印刷機
8466 Sandvik, Normet, Takisawa	加工機械の部品
8467 Volvo, Wurth, Kawasaki, Hilti, Stanley, Black+Decker, Dewalt, Metabo, Mitsubishi, Caterpillar, Tigercat	手持工具
8471 30 000 0, 8471 50 000, 8471 60 600 0, 8471 60 700 0, 8471 70 200 0, 8471 70 500 0, 8471 70 700 0, 8471 70 980 0, 8471 80 000 0, 8471 90 000 0 MSI, ADATA, Apple, Gigabyte, HP, Intel, Kingston, Microsoft, Samsung, Toshiba, WD , XP-PEN, Pioneer, Bosch, SPF, Cisco, Dell, Oracle, Siemens, Simatic, Hitachi, Enterprise Huawei, IBM Lenovo, NetApp, Supermicro, Schneider Electric, Logitech SICK Western Digital, Cisco, TruckMetrics, Lase LoadScan, Asus, Acer	データ処理機械（コンピューター含む）
8479 10 000 0, 8479 71 000 0, 8479 89 Yamaha, Accessair Systems, AcroMobiles PTE LTD, FMT Sweden AB, JBT Aerotech, Thyssenkrupp Airport Systems S.A., Tigercat	機械類（土木・建設用途のもの含む）
8482 Koyo, FAG/INA, NSK, NTN/SNR	玉軸受およびころ軸受
8483 10 , 8483 20 000 0, 8483 30 320 1, 8483 30 380, 8483 30 800, 8483 40, 8483 50, 8483 60, 8493 90 200 1, 8483 90 810 0, 8483 90 890 ZAAB Zementanlagenbau GmbH, Dessau, IBAU HAMBURG Ingenieurgesellschaft Industriebau GmbH, FLSmidth A/S, Timken, Koyo, Maag Gear Sp.zo.o., Sodalis D.o.o., Mahle, Cummins, Webco, Gates, ZF Friedrichshafen AG, Wabtec, Knorr-Bremse, Brog Warner, Bosch, TS Henschel GmbH, Motorpal, Sipavag AG, CAF, NTU , Palfinger Tail Lifts GmbH, Gesslinger, Enermasch, KWD Kupplungswerk Dresden GmbH, Faively Transport Bochum GmbH, Comet Fans, Ebm-Papst, Jaquet, Land Rover, Jeep, Jaguar, Chrysler, Bently, Cadilac, Chevrolet, Dodge, GMC, Hummer, Rover, Tesla, Freightliner, Peterbilt, Kenworth, Mack, Thyssenkrupp Elevator TLT-Turbo, Atlas Copco, Caterpillar, Tigercat	ギヤボックス、その他変速機
8504 ABB, Aimtec Inc., Murata Manufacturing Co., Ltd., PEAK Electronics GmbH, Recom Power GmbH, Vicor Corporation, TRACO Electronic AG, Power-One Inc., Mean Well Enterprises Co., Ltd., Siemens, Dyson, Philips, Würth Elektronik (Wurth Electronics) Group, Hitano Enterprise Corp., Mini-Circuits, Nexperia, NIC Components Corp., Nippon Chemi-Con Corporation, Panasonic Corporation, Pulse Electronics Corp., Sumida Corporation, TDK Corporation, Vishay Intertechnology, Inc., Yageo Corporation, Tyco Electronic, Samsung Electro-Mechanics, Rubycon Corporation, Murata Manufacturing Co., Ltd., KEMET Corporation, Jauch Quartz GmbH, Hittite Microwave Corporation, Golledge Electronics Ltd., Geyer Electronic e.K., Ferroxcube International, Euroquartz Ltd., Epcos AG, Bourns, Inc., AVX Corporation, Galaxy, Rockwell, General Electric, Vacon, Schneider Electric, SKKT, Sitop	インダクター
8507 Energizer Holdings Inc., Renata Batteries Switzerland, Panasonic, APC, Optima YellowTop	蓄電池
8517 Apple, Asus, D-Link, Gigaset, Grandstream, HPE, HP, Motorola, Panasonic, Samsung, Ubiquiti, Zyxel, Nokia, Sony, MikroTik, Intel, Xeon, Siemens AG, Cisco, H3C, Industronic, Neuman, Fortinet, Schneider Electric, Arnavi, Gurtam, VDO, Wialon, Iridium, Inmarsat BGAN, Hughes/Gilat, Hitachi, Western Digital	電話機（スマートフォン含む）とその部品
8518 JBL, Razer, HyperX, Samsung, Sony, Panasonic, Sennheiser, Jabra, Logitech, SteelSeries, Apple, Beasts, BOSE	マイクロフォン、拡声器（ヘッドフォン含む）とその部品
8522 Würth Elektronik (Wurth Electronics) Group, Hitano Enterprise Corp., Mini-Circuits, Nexperia, NIC Components Corp., Nippon Chemi-Con Corporation, Panasonic Corporation, Pulse Electronics Corp., Sumida Corporation, TDK Corporation, Vishay Intertechnology, Inc., Yageo Corporation, Tyco Electronic, Samsung Electro-Mechanics, Rubycon Corporation, Murata Manufacturing Co., Ltd., KEMET Corporation, Jauch Quartz GmbH, Hittite Microwave Corporation, Golledge Electronics Ltd., Geyer Electronic e.K., Ferroxcube International, Euroquartz Ltd., Epcos AG, Bourns, Inc., AVX Corporation	
8528 John Deere, Bon Electronics, HP, Philips, Dell, BenQ, Agilent Technologies, Avago Technologies Limited, APEM Components, Broadcom Limited, Everlight Electronics Co.,Ltd., Vishay Intertechnology, Inc., Winstar Display Co., NEC Corporation, Samsung, Hitachi, Western Digital, Cisco, Samsung	モニター、プロジェクター
8533 Würth Elektronik (Wurth Electronics) Group, Siemense, Hitano Enterprise Corp., Mini-Circuits, Nexperia, NIC Components Corp., Nippon Chemi-Con Corporation, Panasonic Corporation, Pulse Electronics Corp., Sumida Corporation, TDK Corporation, Vishay Intertechnology, Inc., Yageo Corporation, Tyco Electronic, Samsung Electro-Mechanics, Rubycon Corporation, Murata Manufacturing Co., Ltd., KEMET Corporation, Jauch Quartz GmbH, Hittite Microwave Corporation, Golledge Electronics Ltd., Geyer Electronic e.K., Ferroxcube International, Euroquartz Ltd., Epcos AG, Bourns, Inc., AVX Corporation	電気抵抗器
8539 Agilent Technologies, Avago Technologies Limited, Cree, Inc., Kingbright Electronic Co., Ltd., American Led Technology, Lite-on electronics, Inc., ROHM Semiconductor Co., Ltd., OSRAM Licht AG	フィラメント電球、放電管、アーク灯、発光ダイオード（LED）光源
8541 Avago Technologies Limited, Amazing Microelectronic Corp., Aeroflex-Metelics, M/A-COM Technology Solutions Holdings, Inc., Central Semiconductor, Clare (Ixys), Cree, Inc., Dallas Semiconductor, Diodes Inc., Diotec Semiconductor AG, Fairchild Semiconductor International, Inc., Freescale Semiconductor, Inc., Fujitsu Takamisawa, GeneSiC Semiconductor Inc., Infineon Technologies AG, Intersil Corporation, International Rectifier, Integrated Silicon Solution Inc. (ISSI), IXYS Integrated Circuits Division, Linear Technology, NEC Corporation, Nexperia, National Semiconductor, NXP Semiconductors, ON Semiconductor Corporation, STMicroelectronics, Taiwan Semiconductor, Toshiba Corporation, TY Semiconductor Co., Ltd., Vicor Corporation, Vishay Intertechnology, Inc., Vitesse Semiconductor Corporation), Infineon Technologies AG, Sumitomo Electric Industries, Mini-Circuits, Siemens, Analog Devices Inc., Agilent Technologies, Sony Corporation, LYNRED, Seoul, Osram, Cree HK Ltd, LumiLeds, Epistar, Nichia, SHARP, HELLA	半導体デバイス
8542 31, 8542 32, 8542 33, 8542 39, 8542 90 000 0 3M, Actel Corp., Agilent Technologies, Analog Devices Inc.(ADI), Aeroflex-Metelics, Allegro MicroSystems, Alliance Memory Inc., Altera corporation, Advanced Micro devices Inc.(AMD), Atmel Corporation, Apacer Technology Inc., Avago Technologies Limited, CML Microcircuits(UK)Ltd., Cypress Semiconductor Co., Dallas Semiconductor, Exar Corporation, Everspin Technologies, Fairchild Semiconductor International Inc., Freescale Semiconductor Inc., Fujitsu Takamisawa, IC Plus Corporation, Holt Integrated Circuits, Integrated Device Technology Inc.(IDT), Intel Group., Intersil Corporation, IXYS Integrated Circuits Division, Linear Technology Groupe Ltd., Maxim Technology inc.,Micron Technology Inc., Microsemi Corporation, Mini-Circuits, Mitsubishi Electronic Co., Molex Oncorporated, Motorola Inc., Nexperia, NXP, ON Semiconductor Corporation, Panasonic Corporation, Pericom Semiconductor, Pulse Electronics Corp., Ramtron International Corporation, Realtek Semiconductor Corporation, Renesas Electronics Corporation, RF Micro Devices Inc., SanDisk Corporaiton, Samsung Electro-Mechanics, Samtec, Semitech Corporation, Silicon Laboratories Inc., Spansion Inc., Taiwan Semiconductor, TDK Corporaiton, TDK-Micronas GmbH, Teledyne Relays, Texas Instruments Incorporated, Toshiba Corporation, Transcend Information, TY Semiconductor Co. ltd., Vitesse Semiconductor Corporation, Vashay Intertechnology Inc., Xilinx, Xeon, Zarlink, Semiconductor Inc., SHARP	集積回路
8547 20 000 9 Siemens, Mahle, Cummins, Wabco, Gates, Webtec, Knorr-Bremse, Bosch, Mahle Electric Drives, Bosch Rexroth, Vickers, Huber+Suhner, Westermo, Land Rover, Jeep, Jaguar, Chrysler, Bently, Cadilac, Chevrolet, Dodge, Gmc, Hummer, Rover, Tesla, Freightliner, Peterbilt, Kenworth, Mack, Nippon Techno Carbon (NTC), SEC Carbon Ltd, John Deere, Caterpillar	プラスチック製の電気絶縁用物品
9102 12 000 0 Apple, Acer, Samsung, Motorola, Sony	腕時計、懐中時計その他の携帯用時計
9504 50 000 9 X-Box, Play Station, Nintendo	ビデオゲーム用機器
9619 00 710 1, 9619 00 810 9, 9619 00 890 9 Haggies, Lovular, Merries, Moony, Pampers, Sinergetic	生理用品、おむつ

（ジェトロ作成）

外の知人・友人にＳＮＳを通じてオーダーを出し、現地で購入したものに手数料を乗せて発送する仕組みだ。結果、ロシアには西側の製品が溢れているのが現実だ。

この結果発生したのがグローバルサウス問題である。

コロナ禍のインフレに苦しむ開発国は、安価なロシア産の生産物に飛びついた。その象徴ともいえるのが小麦の暴落である（次ページ図「小麦の先物取引相場推移」参照）。

実は２０２２年ロシアでは小麦が大豊作になった。南半球にロシア産小麦が供給された結果、国際相場が暴落するという事態を招いたのである。

そのロシアとの連携を深化させているのが、中国だ。

アメリカによる中国への輸出規制は、対ロ制裁をモデルに行われている。サプライチェーンを封鎖された中国はロシアと経済的な繋がりを強化させた。同時にグローバルサウスへのプレゼンスを上げ「規制回避」を行っているのである。

このことを象徴する出来事が、ジブチで発生した。

中国はグローバルサウスでのプレゼンスを上げ、ジブチのように政府機関が中国の手足となって動くような国が生まれているのだ。

２０２３年２月25日には、ジブチに派遣されている陸上自衛隊部隊の幹部２人が、ジブ

小麦の先物取引相場推移

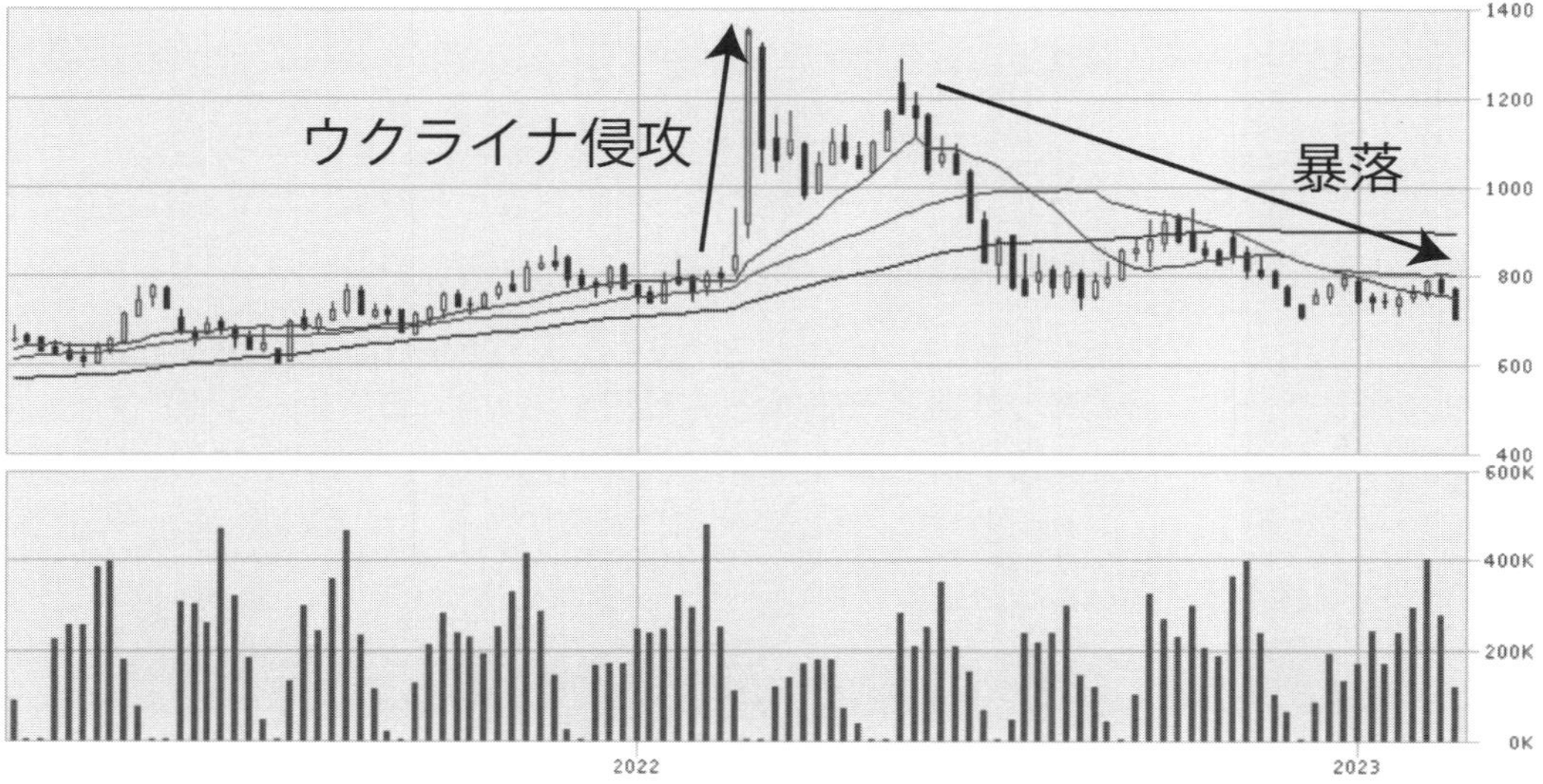

チ軍に十数時間にわたり拘束されていたことが明らかになった。拘束の理由は、ジブチに駐留している中国軍人の写真を撮影したことである。

2023年2月23日、インド南部ベンガルールでG7（先進7カ国）財務相・中央銀行総裁会議が閉幕。ウクライナに総額390億ドル（約5兆3千億円）の財政・経済支援を行う共同声明を採択した。

声明ではロシアに対し「制裁の効果を注意深く監視し、必要に応じてさらなる行動を取る」、「ウクライナへの揺るぎない支援とロシアの侵略戦争を非難することへの結束を再確認する」と明記した。

ところが、その2日後の同月25日、同地ではG20財務相・中央銀行総裁会議が閉幕。だがG20では対ロシア非難の共同声明は見送られることになった。ロシアと中国が拒否したからだ。

このようにウクライナ侵攻は中国とロシアという権威主義国と、G7という民主主義国がグローバルサウスへの支配力を奪い合う構造に展開している。

この摩擦が武力衝突という形で噴出する可能性が一番高いのが台湾、そして日本だ。次章では、その時、日本に何が起こるのか、そして日本はどうするべきかについて解説する。

第5章

その時、列島に何が起こるか

──覚悟した日本国民こそ最大の抑止力

2023年秋に訪れる危機

第1章の「ミニハン報告書」で解説したように2024年1月には台湾で総統選が行われる予定である。中国にとっての理想は、軍事オプションを使うことなく台湾を手中に収めることだ。

台湾の政党は民進党と国民党に大別できる。現在の与党、民進党は中国からの独立を政策に掲げる。野党第一党は国民党だが、国民党＝親中派と一概には言えないものの、国民党内部に親中派が一定数いることは事実だ。

台湾でアメリカの中間選挙に当たるのが統一地方選である。2018年統一地方選で民進党は国民党に大敗。2020年の総統選では民進党・蔡英文総統が選挙直前まで敗北の危機にあった。

ところが中国政府が香港の一国二制度を廃止し弾圧を開始したことで、台湾の有権者は習近平政権の暴力性を目の当たりにする。その「風」のおかげで、蔡英文総統が圧勝した。

2022年11月26日に行われた統一地方選では22ある県市の首長選のうち、民進党が獲得したポストは5、対して国民党が獲得したポストは13。民進党は、大敗した2018年統一地方選より1席ポストを減らすことになった。

この結果を受けて蔡英文総統は民進党党首を辞任する。

2023年1月12日、財団法人台湾民意基金会が2022年12月に行った世論調査の結果が発表された。民進党の支持率は2022年11月の調査から8・7%減の24・7%。国民党は11月調査から6・5%増の25・1%。

約3年半ぶりに支持率が逆転した。

同日、同基金が公表した「台湾人の政党イデオロギー傾向」報告では民進党のイデオロギー支持率31%に対して、国民党支持率は32%と逆転。民進党はたった3カ月で、10・7%もの支持者を失ったことが報告された。

この状況の中で確実視されているのが2023年秋のアメリカ議会下院、ケビン・マッカーシー議長の訪台である。

2022年8月2日、当時、米議会下院議長だった、ナンシー・ペロシ氏が台湾を訪問。同日から3日にかけて中国空軍機21機が台湾の防空識別圏に侵入し、到着直後から、中国は外務省、国防省など5つの機関が一斉に抗議の声明を出した。

ペロシ氏訪台に合わせた中国軍の軍事演習域

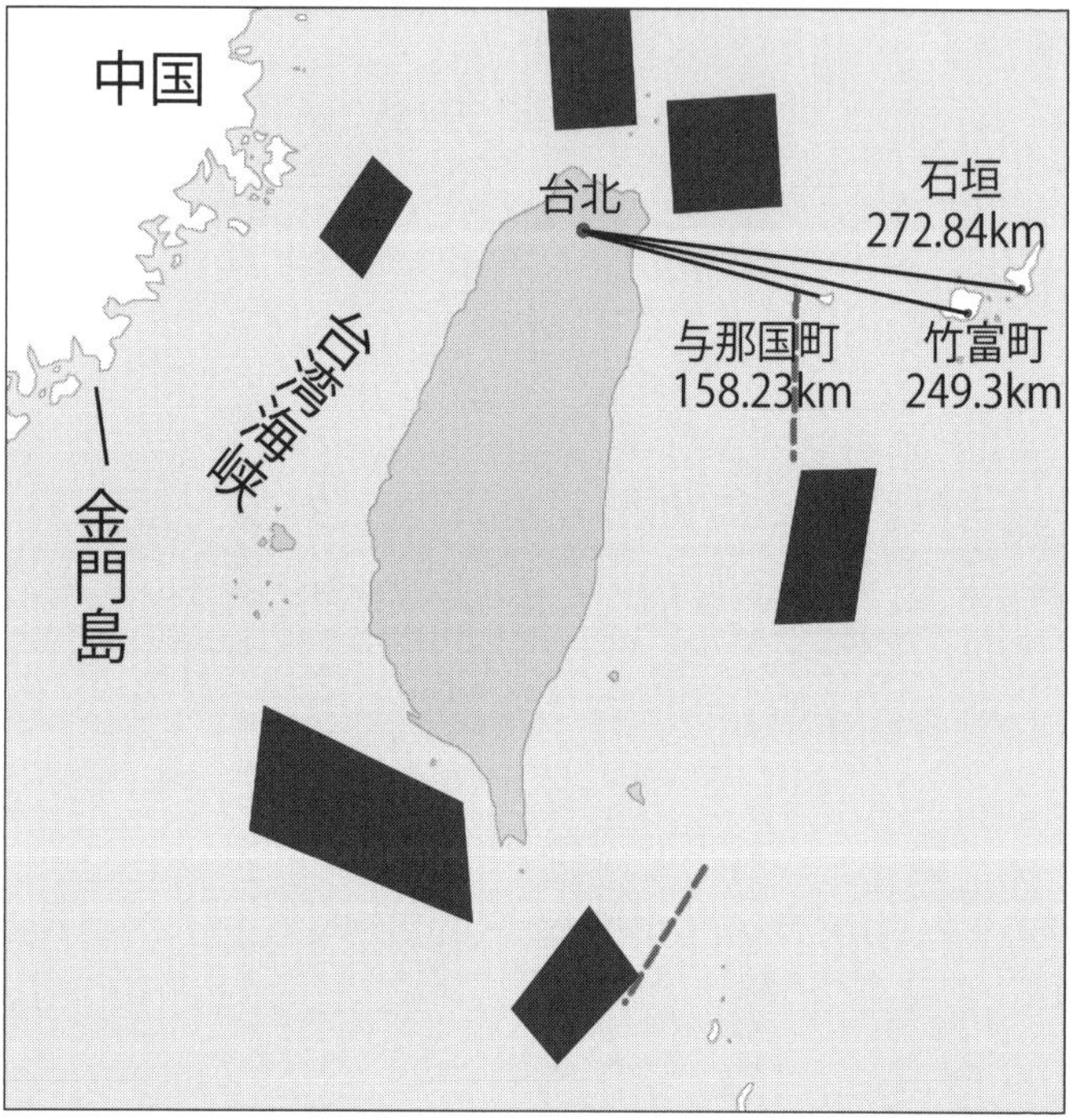

■が軍事演習域

この訪台に合わせて中国軍は6つの演習域を一方的に設定（前ページ図「ペロシ氏訪台に合わせた中国軍の軍事演習域」）。同月4～7日に空、海域で実弾射撃を伴う演習を実施した。ペロシ・ショックとメディアは名づけた。

演習では複数の弾道ミサイルを発射したほか、100機以上の戦闘機と10隻以上の駆逐艦が出動。しかも同月4日には5発の弾道ミサイルDF－15が沖縄県波照間島南西の日本のEEZ（排他的経済水域）に着弾した。

DF－15は海上目標ではなく、地上目標を攻撃するミサイルだ。南西諸島に配備した自衛隊レーダー施設を攻撃するための予行演習だったことは間違いない。

2023年のマッカーシー氏訪台時に、ペロシ・ショック同様に、現状を変更しようとする「中国の暴力」を見せることになるか——大規模演習を実行すれば、直後の台湾総統選で民進党に「風」が吹く。そのことは習近平政権にとってデメリットでしかない。大規模演習を実行しなければ、習近平国家主席のメンツが損なわれることになる。

2023年秋、「マッカーシー・ショック」に向けて、米中関係の緊張が高まるのは確実だ。

CSISのシミュレーションの意味

2023年1月9日、アメリカの有力シンクタンク、戦略国際問題研究所（Center for Strategic and International Studiesで略してCSIS）が台湾侵攻の際に起こる米中有事のウォーゲーム・シミュレーション結果を公表した。

2026年に中国が台湾への上陸作戦を実行すると想定し、赤及び青チームに分かれ、約3週間の戦闘を1シナリオとして1日かけて終了。約7時間かけて検証し、24回のシナリオを実施した。

参加者はCSISの分析官の他、退役軍人等の外部専門家を招聘。シナリオ毎に参加者を入れ替えて実施した。結果の判定においては、参加者の判断を中心としつつ、一部はコンピュータ計算を活用。対艦ミサイルの命中率など確率的な要素の決定については20面サイコロを使用した。

その結果が、次ページ図「CSISウォーゲームの結果（概要）」である。ほとんどのシナリオで中国の侵攻は失敗するものの、日米台中の被害は甚大であるとの結果になった。

CSISウォーゲームの結果（概要）

・ほとんどのシナリオで、中国による侵攻は失敗。
・中国の侵攻が成功したのは、日米が介入せず台湾単独で対抗するケースと、日本が中立を維持し、在日米軍基地が使用不可のケースのみ。
・中国の侵攻が成功しないケースを含め、すべてのシナリオにおいて、日米台及び中の被害は甚大。勝利するためには、台湾地上軍の強化、在日米軍基地の使用、脅威圏外からの対艦ミサイル攻撃能力の保持等が必要。

シナリオのカテゴリー	基本シナリオとの相違点と戦闘の様相	判定	損害等※ 航空機			艦艇		
			米国	日本	中国	米国	日本	中国
基本シナリオ(3回) (base scenario)	⇒ 10日以内に侵攻失敗	**侵攻失敗**	270	112	155	17	26	138
楽観的シナリオ(1回) (optimistic scenario)	◆自衛隊が当初から参戦 ◆中国の能力が低い ◆日本の民間飛行場へのアクセス拡大 ⇒ 7日以内に中国の水陸両用部隊を撃破	**侵攻失敗**	200	90	18	8	16	129
悲観的シナリオ(17回) (pessimistic scenario)	◆JASSMに対艦攻撃能力なし ◆台湾軍の能力が低い ◆台湾軍の対応が遅延（中国の情報工作等により） ◆米軍の対応が遅延（意思決定の遅延、他地域への関与等により） ◆米軍が中国領土への攻撃を実施せず ⇒ 中国は台湾の1/3程度の南部を掌握。米軍の爆撃、中国の修復が繰り返される	**膠着状態**	484	161	327	14	14	113
超悲観的シナリオ(1回) ("Ragnarok"scenario)	◆日本は参戦せず、在日米軍基地が使用不可 ⇒ 中国はグアムの基地機能を失わせ、侵攻に成功	**侵攻成功**	(774)		記載なし	(62)		記載なし
台湾単独シナリオ(1回) (Taiwan standalone scenario)	日米が参戦せず ⇒ 中国は3週間で高雄を、10週間で台北を掌握	**侵攻成功**			記載なし			記載なし

＊台湾は全シナリオで海空軍を損失

2022年12月16日の「安保3文書改定」のこともあり、この結果は驚きをもって報じられることになった。報道によって悲観的な気持ちを抱いた人も少ないのではないか。

だがCSISのウォーゲームは、「アメリカによるアメリカのためのシミュレーション」だ。実際にCSISはアメリカ政府に以下のような提言をしている。

●中国の台湾侵攻に勝利するためには、以下の条件が必要となる。

・台湾軍が戦線を維持すること。台湾の地上軍を強化する必要がある。

・中国は台湾を数週間から数カ月にわたって封鎖することから、台湾に「ウクライナモデル」(戦時中の装備品提供)は適用できず、台湾は必要な装備をすべて持って戦争を始めなければならない。また、米国は数日以内にその能力をフルに発揮して戦闘に参加しなければならない。

・米国は日本国内の米軍基地を戦闘行為に使用できるようにする必要がある。このため、日本との外交的・軍事的関係を深める必要がある。

・米国は中国の防御圏外から中国艦艇を迅速かつ大量に攻撃できるようにしなければならない。このため、長距離対艦巡航ミサイルを量産する必要がある。

●また、勝利のコストを低く抑えるためには、主に以下の方策が必要となる。
・台湾の海空軍の戦力を非対称化する。台湾はいまだに国防予算の大半を、中国がすぐに破壊してしまう高価な艦艇や航空機に費やしている。
・日本とグアムの航空基地を強化・拡充する。分散・強化により中国のミサイル攻撃の効果を薄める。
・米国は、より小型で生存性の高い艦艇にシフトする。また、潜水艦をはじめとする海底プラットフォームを優先的に投入する。
・米国は極超音速兵器の開発と配備を継続するが、台湾有事においてはニッチな兵器となることを認識する。
・戦闘機よりも爆撃機の維持を優先させる。爆撃機搭載ミサイルのスタンド・オフ攻撃が中国軍に効果的であった。

そもそも実際の有事の前には外交や、経済制裁による効果などの政治ファクター、外交ファクター、経済ファクターといった多くの不確定要素が混在する。CSISのシミュレーションは「いかに有事を抑止するか」という部分を端折って、突然、中国が上陸する「Dデイ」から始まっているのだ。

しかもこのシミュレーションには地形データが組み入れられていない。そればかりか、核兵器の命中精度を含めた性能を充分加味したものでもなく、六角形の中に戦力を入れるという非常にアバウトなものである。

一番のポイントは「コスト」だ。「アメリカのコストを抑えるためには、どうするべきなのか」ということを政府に伝えることがCSISシミュレーションの目的ということだ。

それでも台湾有事が、日本有事であることは事実として揺るがない。

その日、中国軍は台湾海峡を封鎖する

では実際に、中国軍は台湾をどう侵攻するのか――軍事的に一番可能性が高いのは、台湾海峡を機雷で封鎖し台湾島の港を使用できなくすることから始まる。

台湾海峡の大部分は水深100メートル程度なので潜水艦戦には向かない。真正面は一番固いので、中国にとって理想的なのは南側、それが難しいなら北側か、中国から見て

後ろ側を攻めることだ。

軍事的に攻撃側の利点は攻撃方向を選べるところにある。この好例がイスラエルとアラブ国家の間で繰り広げられた中東戦争だ。イスラエルの周囲にはエジプト、ヨルダン、シリア、レバノンが位置する。イスラエルにとっては4正面を相手にしなければならない敗北必至の状況だった。

軍事用語でアラブ連合を外線作戦、イスラエルは内線作戦と呼ぶ。台湾有事に当てはめると、台湾は内線作戦、中国は外線作戦ということになる。

有利な状況でありながら中東戦争でアラブ連合が勝利できなかった理由は、戦術にある。アラブ連合の連携が取れなかったためにイスラエルは4正面に戦力をスイングすることで防衛に成功した。

内線作戦側は攻撃側のメインアタックポイントを予測して、ある程度の戦力を充てる。攻撃側のサポートアタックの方に、限定した戦力を充てるというのが理想だ。この予測が外れて逆側を攻撃されると、防御側は敗北する。

そこでポイントになるのは日米安全保障条約第6条だ。第6条は極東有事における日米の役割を定めたもので以下のように規定されている。

第六条　日本国の安全に寄与し、並びに極東における国際の平和及び安全の維持に寄与するため、アメリカ合衆国は、その陸軍、空軍及び海軍が日本国において施設及び区域を使用することを許される。

台湾有事の際に、米軍は横須賀、岩国、那覇、嘉手納など沖縄の基地を使うことができるのだ。つまり日本は参戦しなくても、日米安保に基づいて基地使用を認めなければならない。

中国から見れば日本がアメリカと一体で参戦していることになるので、日本の基地にミサイル攻撃をする可能性は極めて高い。自動的に台湾有事は、日本有事になってしまうのである（次ページ図「台湾侵攻のイメージ」）。

前掲した248ページ図「ペロシ氏訪台に合わせた中国軍の軍事演習域」には台湾と南西諸島の距離を記載した。軍事的なセオリーから中国の有事を予想すれば、南西諸島は戦域に含まれてしまうということだ。このロジックを補強するのが「ペロシ・ショック」の2022年8月4日の中国無人機の偵察行動だ（次々ページ図「2022年8月4日の中国

台湾侵攻のイメージ

横須賀
岩国
沖縄
戦闘地域
③米軍は日本の各基地から台湾防衛に出撃
④自衛隊は後方支援と日本領への侵入を阻止
台北－与那国町の距離はたった157km
①機雷を施設して港を封鎖
中国は正面から侵攻しない
②南方、北方、背面のいずれか、「弱い部分」から攻略

の無人機の動向」参照)。

その時の軍事演習は台湾侵攻の予行演習だが、すぐ後で解説する米軍や自衛隊の動きを偵察する飛行航路である。

有事の自衛隊の役割についての法整備は第二次安倍政権で行われた。1つが、2014年7月に閣議決定した「集団的自衛権の行使容認」、もう1つが2015年9月に成立した「平和安全法制整備法」、「国際平和支援法」である。

平和安全法制整備法では、
・このまま放置すれば、日本に重大な影響を及ぼす「重要影響事態」
・我が国に対する武力攻撃が発生したこと、又は我が国と密接な関係にある他国に対する武力攻撃が発生した「武力攻撃事態」
・武力攻撃自体により、我が国の存立が脅かされ、国民の生命、自由及び幸福追求の権利が根底から覆される明白な危険がある「存立危機事態」
の3つが定められている。その関係をわかりやすくチャート化したのが、内閣官房内閣府、外務省、防衛省が作成した『「平和安全法制」の概要』中の『「平和安全法制」の主要事項の関係』(次々ページ)である。

2022年8月4日の中国の無人機の動向

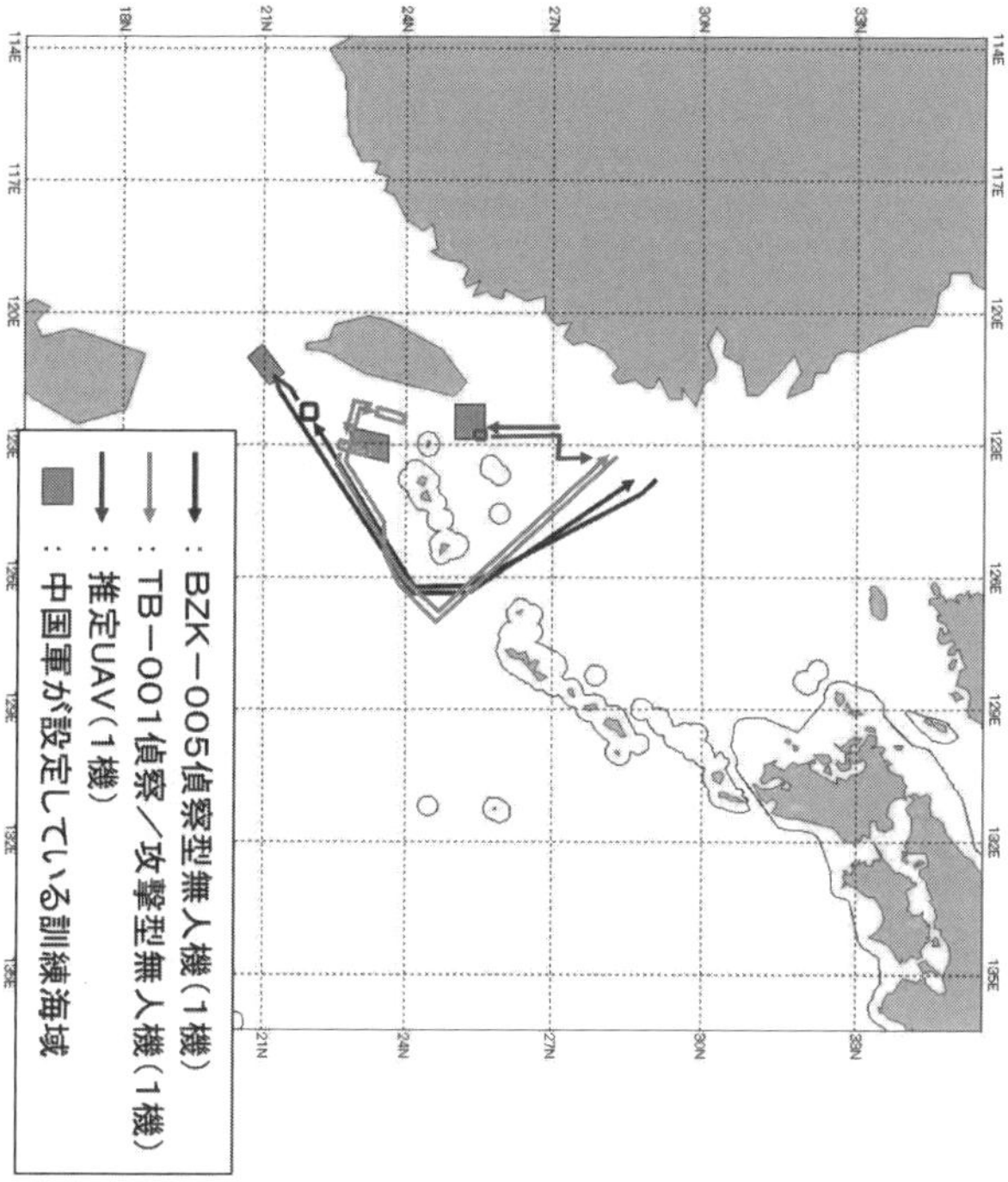

2021年7月5日、麻生太郎副総理兼財務相（当時）は台湾有事の際に、集団的自衛権行使を可能とする安全保障関連法の「存立危機事態」として対処すべきだとの見解を示した。また同月6日、この発言を問われた岸信夫防衛大臣（当時）は、麻生氏の発言は政府の考えを踏まえたものだと認識を示している。

台湾有事緒戦は「重要影響事態」に当たるので、自衛隊の役割は米軍の後方支援。具体的には海上自衛隊による米艦艇の護衛や船舶検査活動などだ。

もちろんこれも中国側からすれば米軍と一体となった戦闘行動で攻撃対象になる。中国が米軍を攻撃すれば集団的自衛権は行使されることになる。

いずれにせよ、戦いが始まれば中国にもアメリカにも日本にも確実に被害は出るのだ。始めにあるのは「いかに戦争を起こさないか」であって、「開戦」が始めにあっては絶対にならない。そこで抑止力をどう上げていくのか、ということが重要になる。

本書で「抑止力」に多くの部分を割いたのもそのためだ。

「平和安全法制」の主要事項の関係

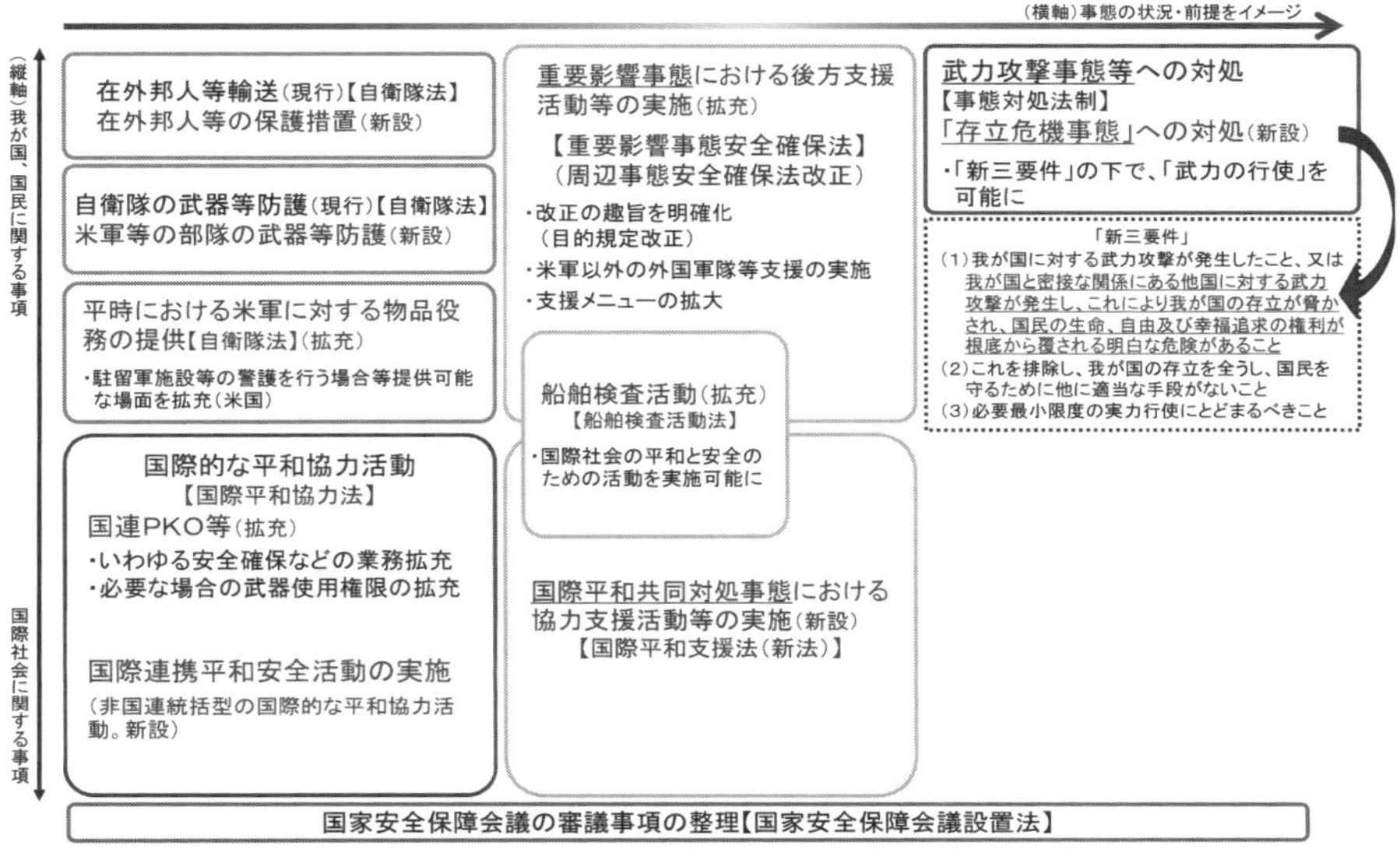

（横軸）事態の状況・前提をイメージ
（縦軸）我が国、国民に関する事項
国際社会に関する事項
在外邦人等輸送（現行）【自衛隊法】
在外邦人等の保護措置（新設）
自衛隊の武器等防護（現行）【自衛隊法】
米軍等の部隊の武器等防護（新設）
平時における米軍に対する物品役務の提供【自衛隊法】（拡充）
・駐留軍施設等の警護を行う場合等提供可能な場面を拡充（米国）
国際的な平和協力活動
【国際平和協力法】
国連PKO等（拡充）
・いわゆる安全確保などの業務拡充
・必要な場合の武器使用権限の拡充
国際連携平和安全活動の実施
（非国連統括型の国際的な平和協力活動。新設）
重要影響事態における後方支援活動等の実施（拡充）
【重要影響事態安全確保法】
（周辺事態安全確保法改正）
・改正の趣旨を明確化
（目的規定改正）
・米軍以外の外国軍隊等支援の実施
・支援メニューの拡大
船舶検査活動（拡充）
【船舶検査活動法】
・国際社会の平和と安全のための活動を実施可能に
国際平和共同対処事態における協力支援活動等の実施（新設）
【国際平和支援法（新法）】
武力攻撃事態等への対処
【事態対処法制】
「存立危機事態」への対処（新設）
・「新三要件」の下で、「武力の行使」を可能に
「新三要件」
（1）我が国に対する武力攻撃が発生したこと、又は我が国と密接な関係にある他国に対する武力攻撃が発生し、これにより我が国の存立が脅かされ、国民の生命、自由及び幸福追求の権利が根底から覆される明白な危険があること
（2）これを排除し、我が国の存立を全うし、国民を守るために他に適当な手段がないこと
（3）必要最小限度の実力行使にとどまるべきこと
国家安全保障会議の審議事項の整理【国家安全保障会議設置法】

（注）離島の周辺地域等において外部から武力攻撃に至らない侵害が発生し、近傍に警察力が存在しない等の場合の治安出動や海上における警備行動の発令手続の迅速化は閣議決定により対応（法整備なし。）

列島はウクライナ侵攻後のポーランドになる

それでも「備え」の部分は入念に整備しなければならない。すでにアメリカが「いつ起こるのか」を前提で動き始めたのに対して、日本では特に「国民保護」すなわち、有事の際の避難の準備が大きく遅れている。

沖縄県には691の島があるが、1ヘクタール以上の島の数は160で沖縄本島と橋等で連結されている11島を除く、148の島を「離島」と位置づけている。

宮古島、石垣島その他内閣総理大臣が関係行政機関の長に協議して指定した「指定離島」54島のうち有人離島が37島。2015年時点で石垣島の人口は4万7660人、宮古島で5万1196人。2019年の住民基本台帳によれば、指定離島の人口は13万1841人で県人口の約8・9%を占める。

台湾有事の際には見積もる避難対象人口は約11万人というところだ。ところがこの「国民保護」には国と地方自治体の「壁」がある。

現在の有事の際の避難を定めたのが「武力攻撃事態等における国民の保護のための措置

に関する法律」、通称「国民保護法」だ。国民保護法では避難対象地域、避難先の指定と調整は国が行う。ところが避難指示は各地方自治体の知事が行うのだ。しかも船や、飛行機など避難するためのアセットの準備は知事の仕事になっている。

突発的に起こる有事の際に、沖縄県知事が11万人の市民を避難させる船や飛行機をチャーターできるかは疑問だ。この大規模災害の時の国と地方自治体の権限のギャップは東日本大震災、コロナ禍でも露呈された。この規模の避難は中央政府が取り仕切らなければ不可能のはずだ。

ところが有事の際に国と行政がどう役割分担をして、どのように動くのかの「国民保護計画」はない。

すでに自衛隊は石垣島、宮古島などに展開をしているが、緊張状態が高まるにつれ、日本本土からも多くの部隊が先島諸島に機動展開することになる。展開した先が戦域になる可能性がある。国民保護計画が未整備のまま、先島諸島から住民を避難させるといった、政治の不作為は避けなければならない。

しかも有事になった際に避難アセットを自衛隊が出す余裕はない。だからこそ国側は避難を早めにやって欲しいのだが、計画がないばかりか沖縄県との調整さえ行われていないのは恐ろしい現実だ。

歴史的に沖縄の地方自治行政はリベラル色が強く、中央政府の介入を嫌う傾向がある。だが中央政府と国民避難計画の調整さえしないのは、県民の生命を政治の道具に利用していることと同じではないか。そのような批判を踏まえ、初めて沖縄県が主催して武力侵攻に伴う先島諸島からの住民避難のシミュレーションを行ったのは2023年3月17日のことだ。国もサポートして課題を洗い出す初期段階に「ようやく」着手できたのである。

人の生命を守ることに思想の左右は関係ない。一刻も早く、現実の脅威に対応するべきだと私は強く思う。

台湾有事の際には「国民避難」だけではなく別な「避難」のミッションが日本に課せられることになる。台湾には在留資格を持っている日本人だけで約2万5000人。旅行者も含めればもっと大きな数になるのだ。台湾人はもちろんアメリカ人のほか、韓国人などアジアの人も多くいる。

2023年3月現在、中国には約3万の日本企業の拠点があるが、有事の際の中国在留邦人の避難、救出については考慮さえされていない。中国在留の日本人の方は、緊急時に国外脱出する手段を、今のうちから自発的に用意するべきだ。

台湾有事の際に、特に問題となる実務がスクリーニングである。台湾人と中国人は同じ言語を使うので、中国人工作員の入国を水際で阻止しなければならない。

現在ではパスポートに指紋情報などの生体認証がセットになっていることもあるが、これに頼ることはできない。というのはアフガニスタンではアメリカ側が生体承認情報を使ったセキュリティシステムを構築し、運用していたことで問題が起こったからだ。

2021年8月の米軍のアフガニスタン撤退時には、タリバーンによる電撃的な侵攻によって、焼却や破壊などを行う時間がなかった。結果、そのシステムとデータはタリバーン側に渡ることになったのだ。

サイバー攻撃や物理的なものなどを使って台湾人の個人情報を中国が入手するリスクは高い。電子情報の偽装の可能性も考えれば、スクリーニングはマンパワーに頼るほかない。こうした避難民受け入れの準備もまったく進んでいないのである。

この時の日本の状況を示すモデルが、ウクライナ侵攻の後のポーランドだ。

ウクライナと国境を接するNATO加盟国ポーランドは、ウクライナへの支援物資、人道支援物資、兵器、弾薬もが経由する「ハブ」になっている。

ヨーロッパは地続きなので陸路を使うことができるが、海に囲まれた日本は海路か空路しか選択肢がないのだ。極めて難しいミッションになることは間違いない（次ページ「ポーランドと日本のハブ化比較」参照）。

しかもポーランドはNATOの前線支援拠点となっている。台湾有事の際には台湾在住の自国民の保護、避難援助のために日本に多くの多国籍部隊がくるということだ。多国籍統合司令部設置準備の必要性は一部の安全保障関係者で共有されているものの、2023年3月現在でも実際の動きはない。

ハブ機能、統制、調整機能という、ウクライナ侵攻後のポーランドのような役割を果たす覚悟と決断を日本は持たなければならない。ポーランドが実行できているのはウクライナがロシアに占領されれば、次は自分たちに戦火が及ぶからだ。台湾が占領されれば次に狙われるのは日本である。この危機意識がまったく共有されていないので、ハブになる覚悟と決断が行われていない。

立ちはだかる「武器輸出三原則」の壁

有事の際に日本列島がハブ化することは確実だが、その前に立ちはだかる巨大な「壁」

ポーランドと日本のハブ化比較

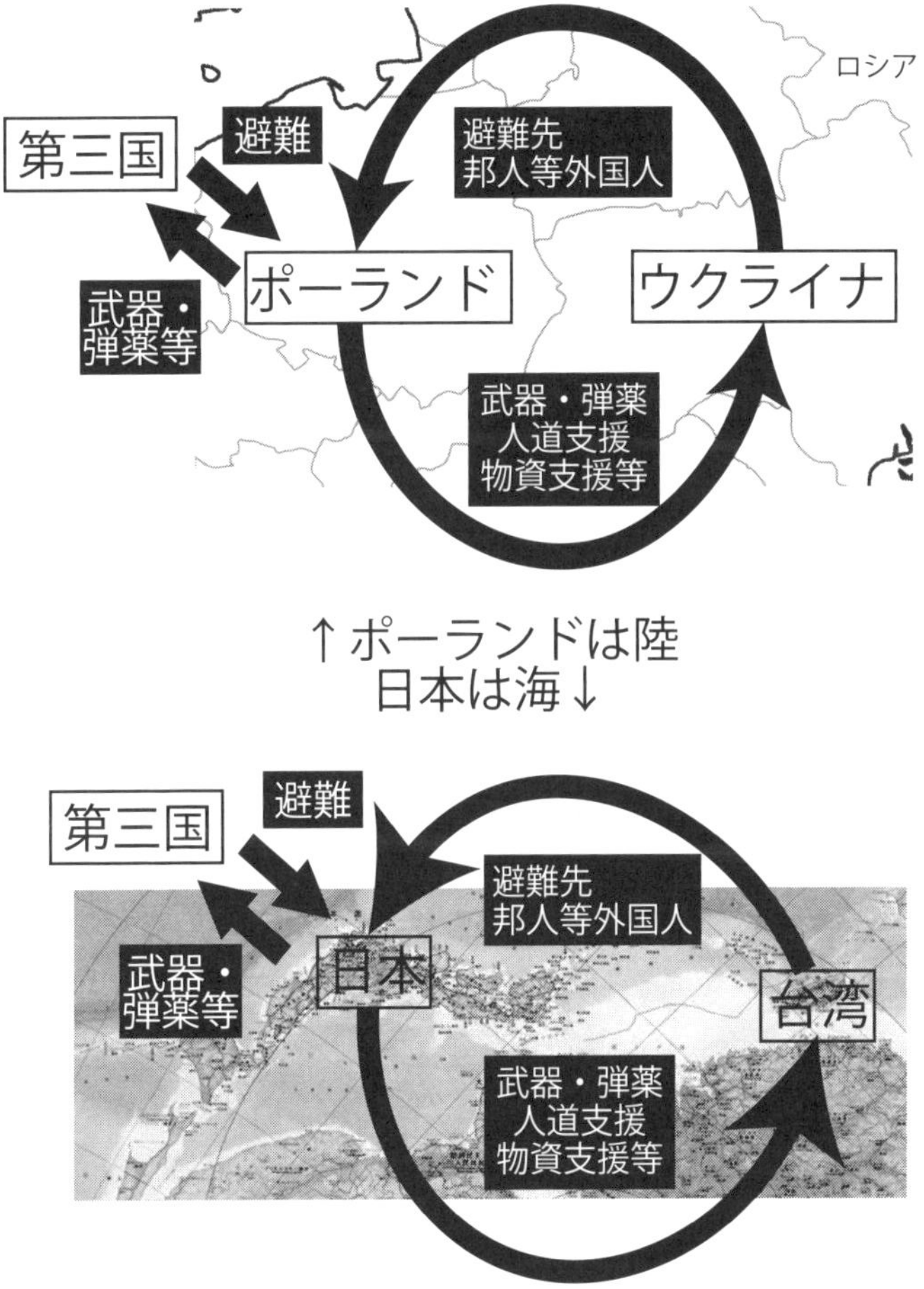

が、前述した「武器輸出三原則」だ。安倍政権では再整備され次ページの「防衛装備移転三原則等の概要」になったものの、殺傷力兵器の海外移転は禁じられている。

現行法ではウクライナに支援した防弾チョッキ、ヘルメットが限界だ。

ところで皆さんも、他人との「貸し借り」を日常で行っているのではないだろうか。連れだって飲み屋にハシゴをすれば「ここは私が払う」、「次は私が」という「貸し借りの等価交換」はありふれた風景だ。国際社会にも「貸し借り」はあって、その「貸し借り」は日常生活のそれより、はるかにシビアだ。

西側の同志国が中心になって挑んだ1991年の湾岸戦争で、日本は135億ドル（日本円で約1兆7500億円）もの財政支援を行った。ところが国際社会からは「小切手外交」と非難される。同志国が犠牲者が出る痛みを覚悟で「ヒト」を出したのに、日本は「ヒト」を出さなかったからだ。

まさにシビアな「貸し借り」である。この国際社会の現実に照らし合わせて、日本有事の際に喫緊の問題になるのが「継続戦闘能力」、略して「継戦能力」である。

現在、アメリカとイギリスは自国の継戦能力を犠牲にしてでも、ウクライナに弾薬を送り続けている。2018年～2022年5月までの間に、アメリカはウクライナに対戦車

防衛装備移転三原則等の概要

- かつて政府は武器輸出三原則等により、実質的には全ての地域に対して輸出を認めないこととしたため、輸出の必要 が生じるたびに官房長官談話等を発出し、例外化措置を重ねてきた
- 防衛装備移転三原則は、新たな安全保障環境に適合するよう、これまでの例外化の経緯を踏まえ、防衛装備移転 の考え方を包括的に整理し、その基準と手続を明確化したもの

【原則 1】移転を禁止する場合を明確化し、次に掲げる場合は移転を認めない

1. 我が国が締結した条約その他の国際約束に基づく義務に違反する場合
2. 国連安保理の決議に基づく義務に違反する場合
3. 紛争当事国への移転となる場合

【原則 2】移転を認め得る場合を次の場合等に限定し、透明性を確保しつつ、厳格審査

1. 平和貢献・国際協力の積極的な推進に資する場合
2. 国際共同開発・生産の実施
安全保障・防衛分野における協力の強化並びに装備品の維持を含む自衛隊の活動及び邦人の安全確保の観点から我が国の安全保障に資する場合 等

防衛装備の海外移転を認め得る案件

1. 平和貢献・国際協力の積極的な推進に資する場合
2. 我が国の安全保障に資する場合
   - 国際共同開発・生産 (部品を融通し合うシステムを含む)
   - 安全保障・防衛協力の強化
     - 米国からのライセンス生産品に係る部品や役務の提供、米軍への修理等の役務提供
     - 安全保障面での協力関係がある国に対する救難、輸送、警戒、監視及び掃海に係る防衛装備の移転
     - 国際法違反の侵略を受けているウクライナに対して自衛隊法第 116 条の 3 の規定に基づき防衛大臣が譲渡する装備品等に含まれる防衛装備の海外移転 等
3. 誤送品の返送、返送を前提とする見本品の輸出等の安全保障上の観点から影響が極めて小さいと判断される場合
   - 自衛隊等の活動、邦人の安全確保に必要な輸出

【原則 3】目的外使用及び第三国移転に係る適正管理の確保
原則として目的外使用及び第三国移転について我が国の事前同意を相手国政府に義務付け

攻撃システム「ジャベリン」を７０００基送っている。これはアメリカ軍が備蓄したジャベリンの3分の1以上の量だ。

軍事的に考えればアメリカの対戦車継戦能力は維持できない。今、中東やアフリカで米軍が海外作戦を行っても拠点防衛すらできない程の量をウクライナに提供しているのだ。

こうしたリスク共有をしているからこそ、アメリカは有事の際に他国に弾薬の提供を求めることができる。台湾・日本有事の際に米軍が日本に弾薬の提供を求めることは、米海兵隊司令官が明言している。

ところが殺傷兵器移転を禁止した、「防衛装備移転三原則」物品役務相互提供協定（ACSA）を締結している国以外には、弾薬提供を実現することはできないのだ。しかもACSAで弾薬提供は法的縛りがある。もっと考えなければならないのは、日本の継戦能力である。

安保3文書改定によって、日本も継戦能力の充足が求められるようになった。ところが緊急に弾薬の生産量を上げることはできない。実現するまでには早くても約10年を要するだろう。想定されている有事には間に合わない。

どうするのか――価値観を同じくする同志国に、弾薬の援助を求めるほか手段がない。

ところが現在まで、日本は弾薬を他国に提供していない。前述した国際社会のシビアな「貸し借り」のロジックから考えれば、支援を拒否されても黙っているしかないことになる。

鉄くずにされる自衛隊のMLRS

「防衛装備移転三原則」や運用指針の改定に加え、重要なのが自衛隊法 第116条の3第1項の（開発途上地域の政府に対する不用装備品等の譲渡に係る財政法の特例）改定である。同項にこうある。

防衛大臣は、開発途上にある海外の地域の政府から当該地域の軍隊が行う災害応急対策のための活動、情報の収集のための活動、教育訓練その他の活動（国際連合憲章の目的と両立しないものを除く。）の用に供するために**装備品等**（**装備品、船舶、航空機又は需品をいい、武器**（**弾薬を含む。**）**を除く。**以下この条において同じ。）

と規定されているが「装備品等（装備品、船舶、航空機又は需品をいい、武器（弾薬を含む。）を除く」の「除く」を「含める」に変えてしまうべきだ。

なぜか――。

2022年中旬からウクライナはアメリカに多連装ロケットシステム「MLRS」の提供を求めてきた。ところがMLRSは射程が長い上に、攻撃力が高い。ところが2020年に公表されたロシアの核ドクトリンでは、

1. ロシアないしその同盟国に対する核兵器もしくは大量破壊兵器の使用
2. ロシアないしその同盟国を狙った弾道ミサイル発射のデータ入手
3. 核戦力の脅威に対する反撃能力を損なう恐れがあるロシアの重要な軍事施設ないし政府施設への攻撃
4. ロシアの「国家存続自体が非常に危機的な局面」での通常兵器による攻撃

とある。このうち「4」を考慮しアメリカは逡巡する。最終的には、MLRSの小型版である「ハイマース」の供与を2022年6月に開始。このことが同年夏以降のウクライナの反転攻勢に繋がった。

実は自衛隊には廃棄予定のMLRSがある。これまでの自衛隊法では産業廃棄物として

処理され鉄くずにされてしまう。フィクションに聞こえるかも知れないが、前例に囚われず柔軟な発想で廃棄ルールを変えて、例えば「横田基地」に廃棄できるようにすればどうなるのか――ウクライナに廃棄するのもしないのも米軍の自由である。

このように防衛装備品には廃棄を待つ武器・弾薬があるのだ。廃棄ルールさえ変えれば、「間接支援」ができる。そうすれば有事の際の武器弾薬提供を求めることもできるようになるのだ。

第3章の戦闘機の共同開発で解説したように、安保3文書改定によって日本はようやく他国とのリスク分散までたどり着いた。だが武器・弾薬の提供という「リスク共有」はほとんど未整備だ。

①価値観、②負担、③リスクの3つを共有して、初めて「同盟」が成立する。これを達成しなければ、有事の際に困るのは私たち日本国民自身だということを真剣に考えるべき時期が2023年の今である。

展示されているMLRS

横須賀防衛学園都市

安保3文書改定によって自衛隊にはシームレスな防衛体制構築が求められている。人材面で喫緊に育成、採用しなければいけないのが「量子コンピュータ」と「AI」の技術開発者だ。

2つの次世代技術は安全保障だけではなく、国家の趨勢を決定する。各々、簡単に整理していこう。

2019年1月8日、アメリカのIBMが「量子コンピュータ」の商用版「IBM Q System One」を発表した。また同年10月には世界最高速のスーパーコンピュータが1万年かかる計算問題を、Google社が開発した量子コンピュータが3分20秒で解くことに成功した。

既存のコンピュータは1ビットを「0」か「1」で計算する。ところが量子の持つ「重ね合わせ」、「もつれ」という特性を利用した量子コンピュータでは1ビット当たりの情報量を莫大に上げることができる。

Ｇｏｏｇｌｅ社の量子コンピュータの演算速度がそのことを示している。実験機でこの速度なのだから、現在開発中の実用機ではどれほどのものか——。

ビットコインのような「暗号資産」をご存じの方は多いだろう。暗号資産のメリットは、現在のコンピュータでは改ざん不可能なセキュリティにある。ところが量子コンピュータが実用化されると、暗号資産を守る「暗号」は解読可能になるとされているのだ。

国家の機微情報はすべて暗号化されて補完され、アクセスする通信も暗号化されている。量子コンピュータはこの暗号障壁を打ち破るのだ。その上で量子暗号を作り出し、強力な防壁を作り出すことができる。

現在、中国は自国通貨「元」の暗号資産化に向かっているが、量子コンピュータが実用化されれば、このシステムを破壊することもできる。このように、量子コンピュータは安全保障面でもあらゆる場面で優位性を獲得できる技術なのだ。

ＡＩについては、すでに実用化されている分野から解説を始めたい。それが株取引だ。

株価が上がるか下がるかも含めて、金融は不確定性が充満する世界だ。しかしその不確定性を、いくつかの数学が解き明かしていった。１９５２年の「現代ポートフォリオ理論」（ハリー・マーコウィッツ氏）、64年の「資本資産価格モデル」（ウィリアム・シャープ氏）、

73年のブラック－ショールズ方程式（フィッシャー・ブラック氏とマイロン・ショールズ氏）……多くの数式モデルが金融取引に応用され、コンピュータの発達とともに枝分かれし、各々が進化し、かなり正確な予測が可能となっている。

これら一つ一つの説明は割愛するが、数式が支配する金融の世界で、人工知能はその能力をフルに発揮する。複数の数式モデルを組み合わせるばかりか、発信されるニュースや、モメンタム（勢い）のある株価を常時監視し、追いかける。

特に驚異的な能力はリスクを計算し尽くした株価予測能力だ。AIは損をせず成立する株価に「買い」と「売り」の注文を出し、確実に利益を取っていく。リスクが低い分、「儲け」は当然薄くなる。そこでコンピを組むのが高速回線を使った「HFT」（超高速取引）だ。現在、AIはナノ秒（10億分の1秒）で判断し、ミリ秒の売買を実行する。まばたきが100～150ミリ秒なのだから、文字通り「一瞬」ということだ。

AIをドローンや戦車に搭載すれば、戦場は自動化する。前述したように機械と機械の戦いが始めに行われ、機械とヒトの戦いが行われ、最後に訪れるのがヒトとヒトの戦いだ。

株式相場では、かつてのように不確定性を「カン」で処理する職人的投資家が活躍することは少なくなり、現在の金融の世界の主役は、エンジニアとなっている。次世代の戦場では主役は「エンジニア」ということになる。

現在、横須賀には「陸上自衛隊高等工科学校」と「防衛大学校」がある。今後は同地に陸・海・空を統合した防衛高等学校が新設される見込みだ。また防大内にサイバー学科を新設。さらに久里浜の「陸上自衛隊　通信学校」は「システム通信・サイバー学校」に、海上自衛隊横須賀基地内にもサイバー・情報専門部隊が新設される予定だ。

日本学術会議が「軍事研究」を認めていないことで、もはや一般大学に頼ることはできなくなった。そこで横須賀を筑波のような「情報・通信・サイバー研究学園都市」化して人材を育成する方向に舵を切ったのだ。

抑止力の土台「自衛官」の惨状

人材の育成までには時間がかかることから、直近の対応としては一連の次世代エンジニアを採用することで対応することになる。

民間でも最先端のエンジニアには多額の給与を支払っているのだ。防衛省側も、それに見合う以上の待遇をしなければならなくなるだろう。

1つ強調したいのが、防衛装備で解説した「正面」、「後方」についてだ。どうしても防衛装備品は直接攻撃できる「正面」に予算を投下する傾向がある。限られた予算を「正面」に割いた負担は、誰が背負ってきたのか——数多くの自衛隊員たちである。

2023年2月17日17時10分、私は視察で鹿児島中央駅を降りた。駅の前では旧日本軍時代の少佐に相当する三等陸佐が、7～8人で懸命にティッシュ配りをしているではないか。

ティッシュに書かれているのは「自衛官募集」である。配る自衛官幹部の中には着ぐるみを着ている方もいた。どのくらいの時間、この作業をしているのかを尋ねると、「3時間やっています」とのことだった。

かつて自衛隊の出身地で最も多いのは九州だ。陸上自衛隊で九州沖縄を担当するのは西部方面隊だが、台湾有事に備えることもあって3月末までに1700人の新規隊員増が目標に定められた。ところが、この段階で不足している隊員数は実に900人、足りない800人を求めた結果がティッシュ配りである。

少子高齢化の影響で新規隊員不足は常態化している。そこで私は浜田靖一防衛大臣に、防衛省内に人的基盤強化の有識者会議を立ち上げてもらうようお願いした。

自衛隊員が労苦を味わうことが放置されているケースはこれだけではない。

宮崎県にある「陸上自衛隊えびの駐屯地」は約650人の基地だ。300人以上が寝泊まりしているのだが基地内に時間外飲食ができる食堂がない。駐屯地外に住む隊員が飲食可能な民間食堂も、クリーニング店も、床屋も、ATMもない。すべて撤退してしまったからだ。山の中の駐屯地で簡単に町には出られない。官舎まで5～6キロメートルの距離がある。

説明を受けて、野党が同情したほどの生活環境だ。果たしてこのような職場環境で働きたいと思う人がいるのだろうか。

自衛隊が世界でもトップレベルの抑止力を維持できている理由は、自衛隊員の質と普段の努力である。「いざとなったら自衛隊が来てくれる」、「自衛隊員だから我慢できる」――それは自衛隊に対する信頼の証しだが、その信頼は防人たちの日常の犠牲によって生まれていることを忘れないでいただきたい。

AIや量子、サイバーは人材面での「正面」である。本当に次世代を見据えるのであれば、自衛隊を支える「足腰」の部分の待遇改善も同時に行われなければならない。

人任せから自立した意識へ

この自衛隊任せのメンタルが顕著に表れているのが2022年10月に発表された「World Values Survey」が公表した「第7回　世界価値観調査」である。

「もう二度と戦争はあって欲しくないというのがわれわれすべての願いですが、もし仮にそういう事態になったら、あなたは進んでわが国のために戦いますか。（1つだけ○印）

1　はい／2　いいえ／9　わからない」

という質問を世界77カ国にした。「はい」と答えた上位5カ国を順番に並べるとベトナム、ヨルダン、キルギス、バングラデュ、中国となる。「いいえ」と答えた上位5カ国を順番に並べると日本、スペイン、リトアニア、北マケドニア、イタリアとなる。

政治家になった時、先輩議員から「外交、安全保障に取り組むのはやめた方がいい」と諫められたことがあった。票に繋がるのは減税や社会福祉政策で、外交安全保障・防衛は「選挙」に不利だからである。

防衛意識は経済の豊かさや社会、文化に影響される。「世界価値観調査」の結果から、こうしたことを差し引いても日本人の国防意識は極めて低い。

第二次安倍政権では集団的自衛権の行使容認が閣議決定された。ただし現在の憲法を考えれば、行使できるのは限定的な集団的自衛権だ。日本が危ない時だけアメリカをはじめとする同志国と共同で防衛行動を行う。

その時でも、憲法解釈を変える方法が取られるだろう。価値観は共有する、リスクも一部共有します、でも日本が危ない時しか守らない…だからトランプ前大統領は安倍総理に、「晋三、日本が危ない時にアメリカの若者が命をかけるのに、なんでアメリカが危ない時に日本の若者は何もしないんだ」

と日米関係がアンフェアであることを突きつけた。敗戦後、日本は安全保障をアメリカに守って貰うことを前提に、経済に集中投資した。海に囲まれているので深刻に考える必要がなかったのだ。

そこで考えたいのが日本国憲法だ。前文にこうある。

日本国民は、恒久の平和を念願し、人間相互の関係を支配する崇高な理想を深く自覚するのであつて、**平和を愛する諸国民の公正と信義を信頼して、われらの安全と生存を保持**

しようと決意した。われらは、平和を維持し、専制と隷従、圧迫と偏狭を地上から永遠に除去しようと努めてゐる国際社会において、名誉ある地位を占めたいと思ふ。われらは全世界の国民が、ひとしく恐怖と欠乏から免かれ、平和の内に生存する権利を有することを確認する。

現実の世界に当てはめれば中国＝習近平国家主席、ロシア＝プーチン大統領、北朝鮮＝金正恩総書記の公正と信義を信頼して、われらの安全と生存を保持するというのだ。自国ではなく価値観の違う、領土拡大の欲望を隠そうともしない権威主義国に、自分の安全と生存を依存するということである。

ウクライナは日本国憲法の示す「理想」と現実が真逆であることを示した。同盟のないウクライナを助ける義務はない。そこでウクライナは「公正と信義を信頼」するのではなく、戦ったのだ。

大国ロシアとの戦いは、まさに「懸命」である。だからこそ西側は援助を惜しまない。ウクライナが示したのは「懸命」に頑張る者を世界は見捨てないという現実だ。

台湾有事、日本有事、場合によっては起こる尖閣同時侵攻も、日本が真剣に守ろうとしなければアメリカは来ない。いくら同盟国といっても、自動参戦ではないのだから。

その意味でも前文はどう考えても矛盾している。加えて現行憲法には「防衛」、「自衛」という文字が一言も使われていない。

第一章が天皇で第1条～第8条から成る。続く第二章は、突然、「戦争の放棄」だ。天皇という日本の歴史、文化のバックグラウンドの次に、「防衛」、「自衛」ではなく「戦争の放棄」が規定されているのだ。

日本が侵略戦争を起こされることなど、想定されていないのである。

続く第3章が「国民の義務及び権利」である。10条～40条のうち、権利と自由が多く、義務と責任が少ない、という構成だ。

当たり前のことだが義務がないところに権利はない、また責任がないところに自由はない。非常にバランスが悪いということだ。

どこの国も、国連憲章に基づいて軍隊を持っている。国連憲章はすべての加盟国に、個別的自衛権と集団的自衛権を認めているのだ。だから、タイも、あるいはフィジーも、自衛権に基づいて軍隊を持っている。

当然、個別的自衛権と集団的自衛権も持っているのだ。

ところが日本は憲法によって個別的自衛権は持っていながら集団的自衛権を自ら放棄した。

しかも憲法第2章9条で「陸海空軍その他の戦力は、これを保持しない」と規定している。米ソ冷戦という現実の前で、この矛盾が露呈した結果、1950年に警察予備隊、1952年に保安隊、1954年に自衛隊と名称を変更する。

英語に直せばセルフ・ディフェンス・フォース、自警団だ。通常の国はアーミー、ネイビー、エアフォース、あるいはアームドフォースなどの名称で、和訳すれば「国防軍」となる。

この歪な法環境が自衛隊の存在の批判の論拠になっているのだ。

中国による台湾・日本侵略は極めて不幸な出来事だ。だが不幸の裏側に幸運があるように、これは日本が「普通の国」になる奇貨でもある。

普通の国になるために必要なのは、日本人の「覚悟」だ。その「覚悟」こそが、中国に戦争を起こさせない最初にして最大の抑止力だと私は考えている。

本書を読んだことで皆さん自身が「覚悟」を持ち、抑止力が上がり、中国が戦争を行わないことが私の強い願いだ。

PROFILE

佐藤正久

さとう・まさひさ

政治家。参議院議員（当選3回）。1960年、福島県出身。1983年に防衛大学校応用物理学科を卒業（27期）、翌84年に帯広の第4普通科連隊に配属。1996年に国連PKOゴラン高原派遣輸送隊初代隊長を務め、98年にカンザス州のアメリカ陸軍指揮幕僚大学を卒業。そして2004年、「戦闘区域かどうか」の議論を経て派遣が決定した湾岸戦争直後のイラクに、先遣隊長として派遣。メディアの窓口となり、その冷静な状況分析と合わせて「ヒゲの隊長」として人気となる。

2007年、第21回参議院議員選挙で初当選。12年、第2次安倍内閣で防衛大臣政務官を務める。

2019年、第25回参議院議員通常選挙で3選。

2020年10月、自由民主党政務調査会外交部会長に就任。2018年に発生した文在寅政権下での韓国海軍レーダー照射問題や習近平政権で膨張主義に変貌した中国の南シナ海、東シナ海への進出、2020年からのコロナ禍や、2021年8月のアフガニスタン脱出問題などについて、危機管理、外交・安全保障の専門家としてメディアで解説・提言を行っている。

2022年8月31日に参議院国会対策委員長代行に就任。

著書に『中国に勝つための地政学と地経学 日本人に隠されている真のチャイナクライシス』（徳間書店）、『知らないと後悔する　日本が侵攻される日』（幻冬舎）。

嘘をつかない、過度に煽らない姿勢が評価され、最新の解説、情報を発信するTwitterのフォロワーは52.5万人（23年3月10日現在）にのぼる。

- 佐藤まさひさ公式HP　https://sato-masahisa.jp/
- Twitterアカウント　@SatoMasahisa
  https://twitter.com/SatoMasahisa
- YouTubeチャンネル「佐藤まさひさの国会教室」
  https://www.youtube.com/channel/UCQigIGI9xWtXfPmL-8gnKdQ

Twitter ▼　YouTube ▼

著者撮影

水野嘉之

book design

HOLON

中国の侵略に討ち勝つハイブリッド防衛

日本に迫る複合危機勃発のXデー

第1刷　2023年3月31日

著者
佐藤正久

発行者
小宮英行

発行所
株式会社徳間書店
〒141-8202 東京都品川区上大崎3-1-1 目黒セントラルスクエア
電話　編集(03)5403-4350 ／ 販売(049)293-5521
振替　00140-0-44392

印刷・製本
大日本印刷株式会社

ISBN978-4-19-865590-7